A LIBRARY OF
DOCTORAL
DISSERTATIONS
IN SOCIAL SCIENCES IN CHINA

中国
社会科学
博士论文
文库

中国基本公共服务资金供需研究

Research on Supply and Demand of
China's Basic Public Services Fund

周幼曼　著

导师　梁　朋

中国社会科学出版社

图书在版编目（CIP）数据

中国基本公共服务资金供需研究/周幼曼著 . —北京：中国社会
科学出版社，2017.3
ISBN 978 - 7 - 5161 - 9720 - 2

Ⅰ.①中…　Ⅱ.①周…　Ⅲ.①公共服务—资金供应—研究—中国
Ⅳ.①F832.21

中国版本图书馆 CIP 数据核字（2017）第 008137 号

出 版 人	赵剑英
责任编辑	侯苗苗
特约编辑	沈晓雷
责任校对	周晓东
责任印制	王 超

出　　版	中国社会科学出版社
社　　址	北京鼓楼西大街甲 158 号
邮　　编	100720
网　　址	http：//www.csspw.cn
发 行 部	010 - 84083685
门 市 部	010 - 84029450
经　　销	新华书店及其他书店

印　　刷	北京君升印刷有限公司
装　　订	廊坊市广阳区广增装订厂
版　　次	2017 年 3 月第 1 版
印　　次	2017 年 3 月第 1 次印刷

开　　本	710×1000　1/16
印　　张	13
插　　页	2
字　　数	213 千字
定　　价	49.00 元

凡购买中国社会科学出版社图书，如有质量问题请与本社营销中心联系调换
电话：010 - 84083683

总　序

在胡绳同志倡导和主持下，中国社会科学院组成编委会，从全国每年毕业并通过答辩的社会科学博士论文中遴选优秀者纳入《中国社会科学博士论文文库》，由中国社会科学出版社正式出版，这项工作已持续了12年。这12年所出版的论文，代表了这一时期中国社会科学各学科博士学位论文水平，较好地实现了本文库编辑出版的初衷。

编辑出版博士文库，既是培养社会科学各学科学术带头人的有效举措，又是一种重要的文化积累，很有意义。在到中国社会科学院之前，我就曾饶有兴趣地看过文库中的部分论文，到社科院以后，也一直关注和支持文库的出版。新旧世纪之交，原编委会主任胡绳同志仙逝，社科院希望我主持文库编委会的工作，我同意了。社会科学博士都是青年社会科学研究人员，青年是国家的未来，青年社科学者是我们社会科学的未来，我们有责任支持他们更快地成长。

每一个时代总有属于它们自己的问题，"问题就是时代的声音"（马克思语）。坚持理论联系实际，注意研究带全局性的战略问题，是我们党的优良传统。我希望包括博士在内的青年社会科学工作者继承和发扬这一优良传统，密切关注、深入研究21世纪初中国面临的重大时代问题。离开了时代性，脱离了社会潮流，社会科学研究的价值就要受到影响。我是鼓励青年人成名成家的，这是党的需要，国家的需要，人民的需要。但问题在于，什么是名呢？名，就是他的价值得到了社会的承认。如果没有得到社会、人民的承认，他的价值又表现在哪里呢？所以说，价值就在于对社会重大问题的回答和解决。一旦回答了时代性的重大问题，就必然会对社会产生巨大而深刻的影响，你也因此而实现了你的价值。在这方面年轻的博士有很大的优势：精力旺盛，思想敏捷，勤于学习，勇于创新。但青年学者要多向老一辈学者学习，博士尤其要很好地向导师学习，在导师的指导下，发挥自己的优势，研究重大问题，就有可能出好的成果，实现自己的价值。过去12年入选文库的论文，也说明了这一点。

什么是当前时代的重大问题呢？纵观当今世界，无外乎两种社会制度，一种是资本主义制度，一种是社会主义制度。所有的世界观问题、政治问题、理论问题都离不开对这两大制度的基本看法。对于社会主义，马克思主义者和资本主义世界的学者都有很多的研究和论述；对于资本主义，马克思主义者和资本主义世界的学者也有过很多研究和论述。面对这些众说纷纭的思潮和学说，我们应该如何认识？从基本倾向看，资本主义国家的学者、政治家论证的是资本主义的合理性和长期存在的"必然性"；中国的马克思主义者，中国的社会科学工作者，当然要向世界、向社会讲清楚，中国坚持走自己的路一定能实现现代化，中华民族一定能通过社会主义来实现全面的振兴。中国的问题只能由中国人用自己的理论来解决，让外国人来解决中国的问题，是行不通的。也许有的同志会说，马克思主义也是外来的。但是，要知道，马克思主义只是在中国化了以后才解决中国的问题的。如果没有马克思主义的普遍原理与中国革命和建设的实际相结合而形成的毛泽东思想、邓小平理论，马克思主义同样不能解决中国的问题。教条主义是不行的，东教条不行，西教条也不行，什么教条都不行。把学问、理论当教条，本身就是反科学的。

在21世纪，人类所面对的最重大的问题仍然是两大制度问题：这两大制度的前途、命运如何？资本主义会如何变化？社会主义怎么发展？中国特色的社会主义怎么发展？中国学者无论是研究资本主义，还是研究社会主义，最终总是要落脚到解决中国的现实与未来问题。我看中国的未来就是如何保持长期的稳定和发展。只要能长期稳定，就能长期发展；只要能长期发展，中国的社会主义现代化就能实现。

什么是21世纪的重大理论问题？我看还是马克思主义的发展问

题。我们的理论是为中国的发展服务的，绝不是相反。解决中国问题的关键，取决于我们能否更好地坚持和发展马克思主义，特别是发展马克思主义。不能发展马克思主义也就不能坚持马克思主义。一切不发展的、僵化的东西都是坚持不住的，也不可能坚持住。坚持马克思主义，就是要随着实践，随着社会、经济各方面的发展，不断地发展马克思主义。马克思主义没有穷尽真理，也没有包揽一切答案。它所提供给我们的，更多的是认识世界、改造世界的世界观、方法论、价值观，是立场，是方法。我们必须学会运用科学的世界观来认识社会的发展，在实践中不断地丰富和发展马克思主义，只有发展马克思主义才能真正坚持马克思主义。我们年轻的社会科学博士们要以坚持和发展马克思主义为己任，在这方面多出精品力作。我们将优先出版这种成果。

李铁映

2001 年 8 月 8 日于北戴河

序　言

周幼曼同志的博士学位论文《中国基本公共服务资金供需研究》被评选为2015年中共中央党校优秀博士学位论文，并入选"中国社会科学博士论文文库"，即将由中国社会科学出版社出版，作为她的博士生导师，我甚感欣慰。在此，谈几点我对该书的看法，并以之为序。

为国民提供与本国经济发展水平相适应的基本公共服务，是现代政府的基本职责之一。改革开放以来，我国创造了举世瞩目的经济成就，但长期以来，基本公共服务供给总体不足，且地区、城乡差别较大，影响了人民生活水平的持续提高和社会的和谐稳定。总体实现基本公共服务均等化是2020年全面建成小康社会的重要战略目标，其意义重大且任务艰巨。特别是中国经济发展已进入新常态，经济下行压力加大，长期积累的各种矛盾和风险进一步显现，人们在工作和生活中面对的不确定性风险更加突出。在新旧发展动能接续转换的关键时期，全覆盖、均等化的基本公共服务供给对消除居民后顾之忧，促进人民群众把更多的资源投入创新创业和扩大消费，从而加快经济发展方式转变的意义更加显著。如何有效增加基本公共服务供给、推进基本公共服务均等化是很有研究价值的课题。尤其是认清其中的难点问题，并提出有针对性的解决方案，无论是对学术研究还是改革实践，都具有重要意义。鉴于此，中共中央党校将"促进基本公共服务均等化的财税体制改革研究"列为校级研究课题，并得到国家开发银行的资助，由我主持这一项目的研究，周幼曼是该项目的主要参与者，其博士学位论文《中国基本公共服务资金供需研究》是该项目的重要研究成果。

推进基本公共服务均等化的核心问题是资金问题，没有资金保障，再好的政策措施也无法落实。虽然近几年关于基本公共服务均等化的研究很多，不仅经济学，其他学科如社会学、管理学等也有涉及，但这些研究大多集中在理论依据、对策研究、体制改革等方面，专门对资金供需问题进行定量研究的文献比较少，从统筹国家财力资源层面研究基本公共服务资金供需问题的文献更为少见。在不多见的文献中，又大多为定性分析，定量分析可谓少之又少。周幼曼博士在认真梳理前人研究成果的基础上，坚持问题导向，独辟蹊径，从基本公共服务的资金供需这一新的视角进行开拓性研究，抓住了基本公共服务均等化研究的关键问题，进行了较为深入的分析研究，并提出了相应的政策措施和建议。由此可见，只要坚持问题导向，勇于探索，研究的创新性并不是可望不可及的。

"书山有路勤为径，学海无涯苦作舟"，科学研究是一个艰辛而漫长的过程，特别是走别人没走过的路，可能还得冒失败的风险。周幼曼博士在研究过程中付出了艰辛的劳动，查阅了大量的文献资料和数据，进行了较为充分的调研，经过了反复的思考和论证。本书采用了定性和定量相结合的方法，对资金供给规模的绩效进行了实证考察，用 ARIMA 模型等计量经济学方法对基本公共服务资金的供给和需求进行了细分和测算，计算出了可能存在的资金缺口。并对我国可用于基本公共服务的财力进行估算，指出可能的资金供给来源，估计出大概能用于弥补资金缺口的财力。该研究视野开阔，现实针对性强，从统筹和整合国家综合财力资源的视角提出解决基本公共服务资金问题的对策思路，在研究思路和研究方法上都有一定的创新性和探索性，既是一部具有较高学术水平的成功之作，也是周幼曼博士辛勤付出的回报。

当然，本书也有不足之处，相对来说，在测算方法的多样性和对策的精准性方面略显不足，如果在今后的研究中，进一步借鉴各国基本公共服务的发展历程和不同经济发展阶段的基本公共服务供给水平来研究，丰富测算的方法，进一步提高对策的精准性，研究应可更上一层楼，望周幼曼博士继续努力。

以上是个人管窥之见，愿求教于同行。

梁朋

2016 年 5 月于中央党校

摘 要

推进基本公共服务均等化，是维护社会安全稳定、促进社会公平正义、构建社会主义和谐社会的内在要求，是现代政府的基本职责之一。我国已明确提出到2020年总体实现基本公共服务均等化。推进基本公共服务均等化意义重大、任务艰巨，其核心问题是资金问题，没有充足的资金保障，基本公共服务均等化就无法落实。近年来，随着我国经济的持续增长、财政收入的快速增加，以及国家对改善民生的重视，我国财政对基本公共服务的资金供给的绝对数额明显增加，基本公共服务水平得到很大提高。但是与人民群众日益增长的诉求及发达国家基本公共服务水平相比，我国还有较大差距。

一方面，由于缺乏对基本公共服务实际资金需求科学合理的测算，我国各级政府在筹资时呈现出极大的不确定性和随意性，各级政府的筹资责任与实际财政支付能力的矛盾较为明显，未形成可持续发展的筹资体系。另一方面，现有资金和国家掌握的财力资源没有得到充分合理的利用，资金的稀缺与使用的低效率并存。我国作为中国特色的社会主义国家，政府除税收外，还掌握大量财力资源，如各类国有资产、主权财富基金、全国社会保障基金、社会保障资金、住房公积金、土地出让金等。这些财力资源都可以作为基本公共服务的资金来源。但是我国尚未建立统筹和整合国家财力资源的机构和相应机制，政府性收支管理不统一、不完整、不规范，偏重当前收支管理，不注重资产、资本和财富管理与配置。大量国有资产、财政资金碎片化管理，使用效率有待提高。

如何解决这些问题？目前国内虽然不乏关于基本公共服务均等化的研究，但专门对资金问题进行深入、定量的研究较少。本书将研究重点放在中国基本公共服务资金供需上，对基本公共服务资金问题进行系统的定量分析，对资金供给规模的绩效进行实证考察，用 ARIMA 模型等计量经济学方法对未来的数据进行预测。首先，根据两种方法，一是参考基本公共服务的国际标准，二是按我国基本公共服务财政支出的增速测算出2015—2020 年基本公共服务资金需求量。其次，基于 GDP 和基本公共服务支出的回归关系、财政总支出和基本公共服务支出的回归关系预测2015—2020 年基本公共服务的资金供给量。最后，根据预测的资金需求量和供给量，计算资金供需缺口。

如何弥补资金供需缺口？现有文献多局限于当前的财税体制框架下。本书从一个更广阔的视野，跳出现有的财政收支格局，提出构建整合、统筹利用国家掌握的各类财力资源的体制机制，根据我国国情从更大范围拓展基本公共服务的资金来源。本书对我国可用于基本公共服务的财力进行估算，指出可能的资金供给来源，估计出大概能用于弥补资金缺口的财力。并提出资金运营存在的问题，如投资收益率低、投入基本公共服务的比例少、缺乏有效的财政资金绩效评价体系、现行的预算管理水平仍不健全等。

他山之石，可以攻玉。许多发达国家和一些发展中国家在优化基本公共服务资金配置方面已经积累了较为成熟的经验，本书通过分析它们在基本公共服务资金具体操作经验和财政资金优化配置的经验，总结出财政资金投资模式、财政资金绩效预算管理和财政资金绩效审计等方面对我国的借鉴和启示。

最后，本书从构建全面统筹和整合国家综合财力资源的机制、促进基本公共服务均等化的财税体制改革以及创新资金筹集方式三大方面提出弥补我国基本公共服务资金缺口的思路。

本书的创新之处主要有：一是选题的创新性。目前国内研究基本公共服务均等化的文献主要集中在理论依据、对策分析、体制改革等方面，缺乏对资金问题系统、深入、定量的研究。而资金问题又是基本公共服务均等化的核心问题。本书的选题弥补了现有文献在这方面的不足，具有一定的创新性。二是研究方法的创新。以往研究基本公共服务的文献多为定性分析，本书在已有文献基础上，通过构建计量经济学模型，运用大量数据资料，采用多种预测方法，对基本公共服务资金问题进行了一个系统、深入的定量分析。三是在研究内容方面，现有文献缺乏对实现基本公共服务均等化所需资金的详细测算，以及对可能的资金供给的细分和测算，特别是对国家层面资金供需进行系统测算的文献很少。本书用计量经济学方法测算了我国 2015—2020 年基本公共服务资金的需求和供给状况，计算出了可能存在的资金缺口。四是在研究视野方面，现有的文献多是在现行财税体制框架下提出对策，而本书跳出这一框架，从统筹和整合国家综合财力资源的视角提出解决基本公共服务资金问题的对策思路，有一定的创新意义。

Abstract

Establishing a system that make everyone in our country can have a chance to enjoy basic public services, which we called the equalization of basic public services, is the necessary content of maintaining social security and stability, promoting social justice and building a harmonious society, and is one of the basic duties of the modern government. China has clearly put forward that equal access to basic public services should be generally achieved in 2020. There is a huge practical significance to establish such a system, in which fund is the core. The equalization of basic public services could not be workable without adequate funding. A significant increase appears in recent years in the sheer size from financial department and in the level of basic public services, with a sustained economic growth, a rapid increase of national revenue and a serious attitude in improving people's wellbeing of government. However, a pronounced gap still exists compared with the people's growing demands and the advanced level of basic public services in developed countries.

Firstly, for the lack of scientific and reasonable measures in calculating the actual demand for funds, each level of governments appears extreme uncertainty and arbitrariness when they are financing. The contradiction is more obvious between the governments' responsibility in financing and the actual capacity to pay, so a financing system which can be sustainable development has not formed. Secondly, the scarcity and inefficient use on the funds exist side by side as the available funds and the financial resource cannot be fully utilized. As a country of socialism with Chinese characteristics, the government has a large number of financial resources besides the tax, such as various national assets, sovereign wealth funds, national social security fund, housing accumulating fund, land – transferring fees and so on, all of which can be the source of providing basic public services. But the institution and correlation mechanism which work on coordination and integration of national financial resources have not yet been established in China, which lead to a kind of non – uniformed, incomplete and nonstandard government management of income and expenditure, just emphasizing current management and ignoring the management and allocation of the assets, capital and wealth. The use of a large number of national assets and fragment management of funds are both less efficiency.

How to deal with such problems? Although much of researches on the equalization of basic public services are done, there are less special, embedded and quantitative researches on asset issues. The core of this paper is the supply and demand of basic public services fund in China. This paper does a systemic and quantitative analysis on the asset issues of basic public services, does an empirical study on the performance of the supply of money, and use econometric methods such as ARIMA model to predict future data.

Firstly, this paper estimates the demand of China's basic public services fund in 2015 – 2020 according to two methods: one refers to international standards of basic public services and the other by the growth of China's basic public services expenditure. Secondly, use the relationship between GDP and basic public services spending, the relationship between the total financial expenditure and basic public services spending to predict supply of China's basic public services fund in 2015 – 2020. Finally, calculates the gap of the supply and demand of China's basic public services according to the predicted results.

How to cover the gap? Many documents are confined to the current fiscal and tax system. This paper has a broader perspective and stands outside the current fiscal and tax system. It puts forward establishing a financial system and mechanism to integrate and coordinate the various resources mastered by our nation. The feasibility on the financing capacity of available funds for basic public services is estimated in this paper. In this way, the source of potential assets and the capacity covering the financing gap are to be evaluated. In addition, some existing problems on the operating fund would be proposed. For example, the rate of return on investment (ROI) is low and the scale of funds using in the basic public services is small, besides that, the evaluation system on the performance of financial fund is inefficient and the current level of budget management is still imperfect and so on.

As the old saying, by other's experience, wise men correct their own. Many developed and several developing countries have gathered much more mature experience in optimizing the financing allocation of the basic public services. Based on the experience of their specific operations and optimized allocation on the fund, this paper sums up the reference and enlightenment about investment model, budget management and auditing of performance on the financial fund to China.

At last, this paper proposes a thought covering fund gap in the basic public services from three aspects, which contains establishing a financial system and mechanism to integrate and coordinate the various resources mastered by our nation, promoting the reform of fiscal and tax system in the view of the equalization of basic public services and innovating the ways of fund raising.

The innovation of this doctoral dissertation may be as the follows: The first one is the innovation on selection of a subject. The current researches mainly concentrate in theory evidence, countermeasures, system reform and so on, lacking some systemic, deep and quantitative analysis on the assts issues. Meanwhile, the core of the equalization of basic public services is fund issues. So, the subject selection of this paper covers the shortage of the current documents and has a certain innovation value. The second one is the innovation on research method. More qualitative analysis exists in the past documents on the basic public services. This paper is to do some systemic, deep and quantitative analysis on the assts issues through building econometric models, using mass data and adopting various prediction methods. The third one is the innovation on research contents. In current documents, there is less detailed calculation on the necessary scale of fund in achieving the equalization of basic public services and on the subdivision of potential fund supply. Especially, there are few documents about fund supply and demand on a purely national level. This paper calculates the gap of the supply and demand of China's basic public services fund from the year 2015 to 2020 by econometric methods. The forth one is the innovation on research horizon. Many current documents propose the ways to deal with the situation by confining to the frame of fiscal and tax system. However, this paper is to suggest countermeasures in the view of integrating and coordinating the various resources mastered by our nation with standing outside the current fiscal and tax system, which has a certain innovation value.

目　　录

Contents

绪　论

推进基本公共服务均等化现实意义重大，其核心问题是资金问题，没有充足的资金保障，基本公共服务均等化就无法落实。目前国内研究基本公共服务均等化的文献主要集中在理论依据、对策分析、体制改革等方面，专门对资金供需问题进行定量研究的文献比较少。从统筹国家财力资源层面研究基本公共服务资金供需问题的文献更为少见。本书拟弥补现有文献在这方面的不足，以"中国基本公共服务资金供需"为研究对象，对基本公共服务资金问题进行系统的定量分析，为国家相关决策提供科学、可靠的依据和参考。绪论部分概览全书，是本书的研究基础，包括选题背景与研究意义、国内外文献述评、逻辑框架、研究方法及可能的创新之处等内容。

第一节　选题背景与研究意义

推进基本公共服务均等化需要"真金白银"的资金投入，而目前我国缺乏对基本公共服务体系资金总体需求和供给，以及如何保持可持续性的整体把握。立足我国，研究基本公共服务资金供需问题，具有重要的理论价值和现实意义。

一　选题背景

基本公共服务事关人民群众最关心、最直接、最现实的利益，是基本的民生问题。推进基本公共服务均等化，是维护社会安全稳定、促进社会公平正义、构建社会主义和谐社会的内在要求，是现代政府的基本职责之一。在计划经济时期，我国城市中的国有企事业单位一般都承担了本应由政府承担的大量社会职能，通常会建立附属医院、附属学校等机构，向本单位职工提供基本公共服务。这种基本公共服务供给方式是以严格限制人口流动为前提的，事实上只有少数体制内的城市居民能享受到基本公共服务。而且由于经济发展水平低，基本公共服务也处在较低水平。改革开放以来，我国城乡二元格局逐渐被打破，但全面的基本公共服务体系尚在建设完善的过程中，因而引发了许多社会问题，出现了各种社会矛盾，影响了社会和谐稳定。

基本公共服务供给不到位、不均等，不仅影响了社会安全稳定和公平正义，而且也不利于经济发展，即同时对"公平"和"效率"都产生了负面效应。从经济发展的角度来看，社会保障能力不足使得人们对未来发展预期不确定，消费信心降低，预防性储蓄增加，边际消费倾向下降，制约了消费规模的扩大，这是我国内需不足，尤其是消费需求难以扩大的重要原因。2001—2012 年，我国居民消费占 GDP 比重平均值为 38.42%，而世界平均水平一直稳定在 61% 左右。更糟糕的是，我国居民消费占 GDP 比重呈下降趋势，由 2001 年的 45.34% 降至 2012 年的 35.70%。① 我国需求结构不仅严重偏离世界平均水平，而且有恶化趋势。需求结构不合理加剧了我国经济的不平衡、不协调和不可持续性。2008 年国际金融危机导致我国外需不振，对我国实体经济造成严重冲击，更加警醒我们要调整经济结构，加快扩大内需。加大基本公共服务供给、实现基本公共服务均等化是改善居民消费预期，建立扩大内需长效机制的重要保障。

自 2006 年 10 月中共十六届六中全会首次提出"逐步实现基本公共服务均等化"的目标以来，我国历届政府都把这一任务放在十分重要的位置。2007 年 10 月，党的十七大把"围绕推进基本公共服务均等化和主体功能区建设，完善公共财政体系"确定为深化财政体制改革的一个基本方针，提出"缩小区域发展差距，必须注重实现基本公共服务均等化"。② 2008 年 10 月，十七届三中全会进一步强调了推进基本公共服务均等化对推进农村改革发展、缩小城乡差距的重要意义，指出基本公共服务均等化有利于"实现城乡、区域协调发展，使广大农民平等参与现代化进程、

---

① 资料来源：中国数据根据 2012—2013 年《中国统计年鉴》相关数据计算，世界平均数据来源于世界银行世界发展指标（World Development Indicators，WDI）。

② 胡锦涛：《高举中国特色社会主义伟大旗帜　为夺取全面建设小康社会新胜利而奋斗——在中国共产党第十七次全国代表大会上的报告》，人民出版社 2007 年版，第 24—26 页。

共享改革发展成果"。①

2012 年 11 月，党的十八大提出："加快形成政府主导、覆盖城乡、可持续的基本公共服务体系……解决好人民最关心最直接最现实的利益问题，在学有所教、劳有所得、病有所医、老有所养、住有所居上持续取得新进展，努力让人民过上更好生活。"明确要求在 2020 年全面建成小康社会之际，基本公共服务均等化总体实现。② 这一庄严承诺体现了科学发展观的核心思想——以人为本。2013 年 11 月，十八届三中全会指出："经济体制改革是全面深化改革的重点，核心问题是处理好政府和市场的关系，使市场在资源配置中起决定性作用和更好发挥政府作用。"③ 市场与政府不可错位，公共物品领域是政府应更好发挥作用的领域，基本公共服务属于最基本的公共物品，政府应在其中承担主要责任，发挥关键作用。

近年来，随着我国经济的持续增长，财政收入快速增加，以及国家对改善民生的重视，我国财政对基本公共服务的资金供给的绝对数额明显增加，基本公共服务水平得到很大提高。城乡免费义务教育全面实现、新型农村合作医疗基本普及、居民养老金标准不断提高等成就鼓舞人心。但我们仍要清醒地认识到，与人民群众日益增长的诉求相比，与发达国家基本公共服务水平相比，我国还有较大差距。以教育、社会保障与就业、医疗卫生三项作为基本公共服务的代表，可以发现，从总量来看，最近五年国家财政对这三项的支出总额从 2008 年的 18571.54 亿元，增加到 2012 年的 41072.73 亿元，绝对数额增长很快。但从结构来看，这三项支出占国家财政支出的比重虽然在徘徊中有所增长，但增长并不明显，五年的平均占比约为 30%，与发达国家的差距仍然很大。④

总体实现基本公共服务均等化时间紧、任务重。尽快形成稳定可靠的资金来源是实现基本公共服务均等化的基本保障。由于缺乏对基本公共服务实际资金需求科学合理的测算，我国各级政府在筹资时呈现出极大的不

---

① 《中共中央关于推进农村改革发展若干重大问题的决定》，载《十七大以来重要文献选编》（上），中央文献出版社 2009 年版，第 673 页。

② 胡锦涛：《坚定不移沿着中国特色社会主义道路前进　为全面建成小康社会而奋斗——在中国共产党第十八次全国代表大会上的报告》，人民出版社 2012 年版，第 18—34 页。

③ 《中共中央关于全面深化改革若干重大问题的决定》，人民出版社 2013 年版，第 5 页。

④ 资料来源：根据 2009—2013 年《中国统计年鉴》中"中央和地方财政主要支出项目"相关数据计算。

确定性和随意性，各级政府的筹资责任与实际财政支付能力的矛盾较为明显，未形成可持续发展的筹资体系。而且，现有资金和国家掌握的财力资源没有得到充分合理利用，资金的稀缺与使用的低效率并存。

大多数发达国家的政府除税收外几乎不能创造其他收入，其绝大部分基本公共服务资金只能来源于税收。与之不同的是，我国作为中国特色的社会主义国家，政府除税收外，还掌握着大量财力资源，如各类国有资产、主权财富基金、全国社会保障基金、社会保障资金、住房公积金、土地出让金等。这些财力资源都可以用于提供基本公共服务的资金来源。但是我国尚未建立统筹和整合国家财力资源的机构和相应机制，政府性收支管理不统一、不完整、不规范，偏重当前收支管理，不注重资产、资本和财富管理与配置。大量国有资产、财政资金碎片化管理，使用效率远未充分发挥。

因此，解决我国基本公共服务资金问题要有大视野，要跳出现有的财政收支格局，构建整合、统筹利用国家掌握的各类财力资源的体制机制，从一个更广阔的空间拓展基本公共服务的资金来源。这一设想是否可行？基本公共服务资金缺口有多大？如何布局我国国有资产，使国民能够真正分享其收益？哪些资产收益可以进入基本公共服务领域？如何统筹管理和优化配置财政资金和国有资产？如何完善有利于基本公共服务资金供给的国有资产管理体制等都是值得探讨的问题。

二 研究意义

解决资金供需问题是我国实现基本公共服务均等化的重点和难点。古典经济学集大成者约翰·穆勒指出："在人类活动的每一个领域，实践都长期领先于科学。"① 科学研究源于现实需要，所有理论研究的出发点和最终目标都是理论联系实际，通过丰富和创新理论，为实践的发展提供推动力。本书的理论价值和实践意义如下：

在理论方面，一是弥补了现有理论成果的不足，以资金问题这一基本公共服务均等化的核心问题为研究对象，对如何推进基本公共服务均等化进行更深入的研究；二是提出了一套分析基本公共服务资金供需的方法，

---

① ［美］约翰·穆勒：《政治经济学原理及其在社会哲学上的若干应用》（上卷），赵荣潜、桑炳彦、朱泱等译，商务印书馆 1991 年版，第 13 页。

为定量分析相关问题提供借鉴；三是探究统筹利用财政资金以及国有资产、调整公共财政制度对基本公共服务均等化实现的影响机理，为国家加速实施全口径预算管理，整合国有财力资源提供理论依据；四是为完善我国公共财政制度，加快财税体制改革提供理论支持；五是立足中国国情，解决中国问题，丰富中国特色社会主义财政理论体系。

在实践方面，一是通过计量经济学方法定量分析我国未来基本公共服务资金供需状况，为国家相关决策提供科学、可靠的依据和参考；二是从宏观视野为拓展基本公共服务资金来源，加快推进基本公共服务均等化提供一个新思路；三是提出解决国家财力资源部门分割、使用分散、脱离群众等问题的对策思路，为进行全面统筹和整合国家财力资源的顶层设计提供对策支持；四是提出编制国家资产负债表的设想，试图明确各类公共资金及其收益在基本公共服务出资中的责任，对提高公共资源整体配置效率，改善国民整体福利有一定的现实意义；五是为完善国有资产管理体制，确保国有资产保值升值提出相关的政策建议。

第二节　国内外研究综述

文献综述是本书研究的基础。本节分为两个部分，一是国外研究综述；二是国内研究综述。

一　国外研究综述

国家职能及收入来源是经济学的重要研究课题。亚当·斯密（Adam Smith，1776）就指出，政治经济学的目标之一是"给国家或社会提供充分的收入，使公务得以进行"。① 经典文献有着不朽的生命力，其中经过时间沉淀而历久弥新的光辉思想对今日学者之研究产生了深刻启迪。回顾国外研究成果，首先要对早期经典文献中的有关思想进行梳理和总结。

色诺芬（Xenophon，355BC）最早论述了增加国家收入的方法，其中涉及多项政府的公共服务职能及资金来源问题。他认为，一个国家的公民可以借助于本国资源来维持生活，而不必诉诸战争或掠夺。在《雅典的

---

① ［英］亚当·斯密：《国民财富的性质和原因的研究》（下卷），郭大力、王亚南译，商务印书馆1972年版，第1页。

收入——增加雅典国家收入的方法》一文中，色诺芬讨论了雅典的财政问题，提出多种增加收入的办法，包括充分利用土地等自然资源、吸引外国人侨居以增加捐税、鼓励对外贸易、妥善管理银矿、维护和平环境等。他特别提到"怎样安排公共事务，使全体雅典人民可以借助于我们的公共资源来维持充裕的生计"这一问题。色诺芬指出，公共工程需要巨额资金，但这并非不可能达到，因为"这些事情无须同时并举，也不是不同时并举就得不到利润"。"无论是建筑房屋，或者建造船舶，或者是购买奴隶，都可以马上带来利润。……如果现在先完成一部分，另一部分从缓，那么现在所得到的收入可以有助于置办将来事业所必需的东西"。①色诺芬的这些思想为国家在税收之外筹集基本公共服务资金提供了一种思路，政府所经营的营利事业可以为政府更好地履行公共职能提供支持。

大卫·休谟（David Hume，1739）较早地对国家供给公共产品的必要性进行了讨论，在探讨政府起源的过程中，说明某些任务的完成对单个人来讲难以完成，但对他自己和整个社会却是有益的，因而只能通过集体行动来完成。这时，政府就发挥了关键作用。"政府还不满足于保护人们实行他们所缔结的协议，而且还往往促使他们订立那些协议，并强使他们同心合意地促进某种公共目的，借以求得他们自己的利益。"② 他用排除草地积水的例子解释了这一理论。在例子中，两个邻居之所以同意排去他们所共有的一片草地中的积水，是因为他们容易互相了解对方的想法，而且他们都知道，如果自己不执行好任务，后果就是草地中的积水得不到排除。但是若要使一千个人都同意同一种行为，是相当困难的，甚至是不可能的。"因为个人都在找寻借口，要想使自己省却麻烦和开支，而把全部负担加在他人身上。政治社会就容易补救这些弊病。执政长官把他们的任何重大部分臣民的利益看作自己的直接利益。他们无须咨询他人，只须自己考虑，就可以拟定促进那种利益的任何计划。"③ 实际上，休谟探讨了解决外部性问题的方法，强调政府应在这方面发挥重要作用。基本公共服务作为一种社会所必需的公共产品，其供给主体必然是政府。

亚当·斯密（Adam Smith，1776）强调市场机制这只"看不见的手"

---

① ［古希腊］色诺芬：《雅典的收入——增加雅典国家收入的方法》，载《经济论·雅典的收入》，张伯健、陆大年译，商务印书馆1961年版，第66—80页。

② ［英］大卫·休谟：《人性论》，关文运译，商务印书馆1980年版，第578页。

③ 同上书，第579页。

在资源配置中的重要作用，同时也提出君主应尽的三个义务，即国家的三大职能："第一，保护社会，使不受其他独立社会的侵犯。第二，尽可能保护社会上各个人，使不受社会上任何其他人的侵害或压迫，这就是说，要设立严正的司法机关。第三，建设并维持某些公共事业及某些公共设施（其建设与维持绝不是为着任何个人或任何少数人的利益），这种事业与设施，在由大社会经营时，其利润常能补偿所费而有余，但若由个人或少数人经营，就绝不能补偿所费。"① 要履行这些义务，就必须有一定的费用，这些费用需要由国家的收入来支付。斯密探讨了国家收入来源问题，指出来自人民的税收和政府发行的国债是国家收入最主要的来源。斯密强调要以国家的收入来建设公共设施和为国民提供基本公共服务，特别指出了政府投资国民教育的重要意义。斯密说："在文明的商业社会，普通人民的教育，恐怕比有身份有财产者的教育，更需要国家的注意。……国家只要以极少的费用，就几乎能够便利全体人民，鼓励全体人民，强制全体人民使获得这最基本的教育。"② 普通人民虽然不能像有身份有财产者一样接受那么好的教育，但如果国家给予一定投入，他们也可习得最基本的功课，对经济发展和社会进步大有裨益。根据斯密的观点，市场经济需要一个最小的政府，但无论如何，政府都要尽到包括提供基本公共服务在内的职责。税收和公债是政府筹集资金的主要来源，政府不宜直接干预经济。

被称为"经济浪漫主义"奠基人的西斯蒙第（Sismondi，1819）在论述赋税时强调了基本公共服务的社会效益和适度原则，在资金来源方面，他主张富裕阶层应该承担更大的责任。他说："群策群力追求一个共同目的，无论如何要比个人分别追求节省得多。每个纳税人用自己的税款从道路、运河、公用水井、人身保障和公共教育中所得到的享受，远比他自己用钱直接获得的这一切多。"③ 但他同时也指明，国家对纳税人提供的基本公共服务应根据国民收入保持一定标准，不宜过高，否则会因增加税收而影响生产。"每个人的享受应永远以他的收入为标准；同样，税收对于

---

① ［英］亚当·斯密：《国民财富的性质和原因的研究》（下卷），郭大力、王亚南译，商务印书馆1972年版，第253页。

② 同上书，第340—342页。

③ ［法］西斯蒙第：《政治经济学新原理》，何钦译，商务印书馆1964年版，第362页。

每个人所提供的公共享受也应该永远和全民的收入相适应。"① 西斯蒙第的观点对我国制定基本公共服务标准有重要参考价值。基本公共服务标准不能脱离国情过分拔高，也不能一成不变，而要随着经济发展和国家收入的增加适时、适度提高。本书在预测我国未来基本公共服务资金供给时就遵循了这一原则。

约翰·穆勒（John Stuart Mill，1848）对古典经济学思想进行了总结。关于政府的作用，穆勒原则上坚持亚当·斯密所倡导的最小政府原则，主张把政府对社会事务的干预限制在最小范围。他说："一般应实行自由放任原则，除非某种巨大利益要求违背这一原则，否则，违背这一原则必然会带来弊害。"② 但是，穆勒又列举了很多事关"整体利益"的例子，主张这些重要的事由政府承担，其中多数都属于基本公共服务领域，包括初等教育、医疗、基础设施、天然气和自来水公司等自然垄断部门等。穆勒不反对政府参与经济活动，前提是政府不搞行政垄断、不限制私人同时参与。"政府允许个人自由地以自己的方式追求具有普遍利益的目标，不干预他们，但并不是把事情完全交给个人去做，而是也设立自己的机构来做同样的事情。"③ 根据穆勒的观点，只要保证公平、自由地竞争，政府也可以建立"官办工厂"等营利性机构，这些机构的利润可以为政府更好地提供基本公共服务提供资金支持。从我国当前的国情来看，国有企业，尤其是赢利水平较高的中央企业，应该在基本公共服务资金供给中发挥一定作用。

20 世纪以来，公共物品理论和财政学理论不断发展完善，基本公共服务均等化的理论基础日益夯实。"林达尔均衡"（Lindahl Equilibrium）是公共物品理论最早的成果之一，由瑞典经济学家艾瑞克·林达尔（Erik

---

① ［法］西斯蒙第：《政治经济学新原理》，何钦译，商务印书馆 1964 年版，第 362—363 页。

② ［英］约翰·穆勒：《政治经济学原理及其在社会哲学上的若干应用》（下卷），赵荣潜、桑炳彦、朱泱等译，商务印书馆 1991 年版，第 539—540 页。

③ 因此，穆勒指出："设立国教是一回事，不宽容其他宗教或不信仰宗教的人则是另一回事。建立中小学或大学是一回事，规定所有教师都必须得到政府批准则是另一回事。政府可以建立国家银行或官办工厂，但它们并不垄断银行业或制造业，除官办的外，还有私营银行或工厂。政府可以设立邮政局，但并不禁用其他方式投递信件。政府可以有自己的土木工程师队伍，但也允许人们自由从事土木工程师这一职业。政府可以建立公立医院，但并不限制私人开业行医。"（［英］约翰·穆勒：《政治经济学原理及其在社会哲学上的若干应用》（下卷），赵荣潜、桑炳彦、朱泱等译，商务印书馆 1991 年版，第 530 页）

Lindahl，1919）提出。林达尔用新古典经济学的方法分析公共物品的定价问题，他认为公共产品价格并非由某些政治选择机制和强制性税收决定；相反，每个人都会根据自己的情况对公共产品进行评价，有一个自己愿意支付的价格。当供求处于均衡状态时，消费者愿意支付的价格总和正好等于公共物品的总成本。如果每个人都按照其获得的公共物品的边际收益大小，来支付自己应该分摊的边际成本时，公共物品的工具可以达到具有效率的最佳水平。[①] 林达尔均衡实际上是将古典经济学家的思想进一步模型化，从理论上论证了公共产品的市场均衡价格原理与私人物品的市场均衡价格原理之间存在明显差异，它实现的前提条件在现实中根本无法满足，事实上表明公共物品不能由市场有效供给。

保罗·萨缪尔森（Paul Samuelson，1954，1955）对公共物品现代理论的发展被看作公共财政理论的主要突破之一。在《公共支出的纯理论》、《公共支出理论的图解》两篇经典论文中，萨缪尔森探讨了如何定义公共物品、怎样描述生产公共物品所需资源的最佳配置特征、如何评价更给公共部门的支出提供资金的既有效率而又公平的税收体系设计等公共支出理论中的一些核心问题。[②] 萨缪尔森明确使用了"公共物品"（public goods）这一概念，根据他的观点，公共物品就是所有集体成员集体享用的集体消费品，社会成员都可以享用该产品，而且每个人对该产品的消费都不会减少其他人对该产品的消费。萨缪尔森指出了公共物品非排他性和非竞用性的特征。基本公共服务比公共物品的范围更广，但萨缪尔森的观点体现了公共服务均等化的思想。

目前国外的文献中很少直接提及基本公共服务均等化这一概念。但实际上，发达国家的基本公共服务均等化的实现并非一蹴而就，而是在市场经济的自然演进过程中逐步建立了公共服务型政府和较完善的基本公共服务体系。回顾这一过程，国外的相关研究多在公共产品、公共服务、财政均等化、转移支付、基本公共服务供给效率的提高、市场化改革等方面。

查尔斯·蒂伯特（Charles Tiebout，1956）在财政分权及公共服务有

---

① Lindahl E., "Just Taxation—a positive Solution", Musgrave R. A., Peacock A. T. Classics in the Theory of Public Finance, London: MacMillan, 1967, pp. 168 – 176.

② Samuelson P. A., "The Pure Theory of Public Expenditure", *The Review of Economics and Statistics*, Vol. 36, No. 4, 1954, 387 – 389; Samuelson P. A., "Diagrammatic Exposition of a Theory of Public Expenditure", *The Review of Economics and Statistics*, Vol. 37, No. 4, 1955, pp. 350 – 356.

效供给等理论研究方面贡献较为突出。他通过构建一个地方政府模型，指出如果人们能在社区间充分流动，那么他们会选择公共服务与税收的组合使自己效用最大化的社区政府。如果社区不能有效率地提供服务，那么人们会迁移到能更好地满足他们偏好的社区，即"用脚投票"。由此，社区间的竞争会使公共服务供给更有效率。[①] 这一理论表明分权式财政体制会提高基本公共服务供给效率。然而这一模型有严格假设，与现实相去甚远，尤其是对于发展中国家来说解释力十分有限。科斯（Coase，1974）以灯塔为例，探讨了公共物品由私人提供的可能性。[②] 后来很多学者将此引述为公共物品可以由私人提供的论据，实际上是对科斯原著的误读。在科斯给出的私人供给灯塔之案例中，政府依然扮演了重要角色，包括授权私人管理、代理私人强制征收灯塔使用费等。只要涉及公共物品，我们就不能排除政府的作用。费理斯和格雷迪（Ferris & Graddy，1994）认为不同主体在提供公共服务的效率是不同的，公共部门具有成本节约优势，因此更多的公共服务应该由政府部门来提供。[③] Jens Lundsgaard（2002）以OECD国家为样本，对公共服务供给的竞争和效率问题进行了研究，指出政府通过公共资金委托私人部门生产和提供公共服务，可以在公共服务供给中引入竞争机制，提高供给效率。[④]

在资金来源方面，主要发达国家基本公共服务资金基本都来源于税收，一些高福利国家往往实行高税收制度。很多国家都将一些税源相对集中、稳定，税额较大的公司所得税、个人所得与社会保障税、商品税等税种全部或大部分划归为中央政府收入。部分国家甚至还直接规定将某一种或几种税收的一定比例作为均衡性分配资金。例如，在美国、加拿大，地方政府形成了以财产税为主体的税收体系。因为财产不易变动，征税对象是财产所有者，因此税源稳定，且征收成本低。地方交付税是日本转移支付的主要方式，根据所得税、法人税、酒税的32%，消费税的24%，烟

① Tiebout C. M. , "A Pure Theory of Local Expenditures", *The Journal of Political Economy*, Vol. 64, No. 5, 1956, pp. 416 – 424.

② Coase R. H. , "The Lighthouse in Economics", *Journal of Law and Economics*, Vol. 17, No. 2, 1974, pp. 357 – 376.

③ Ferris J. M. , Graddy E. , "Organizational Choices for Public Service Supply", *Journal of Law, Economics, and Organization*, Vol. 10, No. 1, 1994, pp. 126 – 141.

④ Lundsgaard J. , "Competition and Efficiency in Publicly Funded Services", *OECD Economic Studies*, No. 35, 2002.

税的24%抽取（这几种税的抽取比例可以由国会根据实际情况做出调整），然后根据各地财政收支差异情况，由中央进行均衡性分配。[①]

政府提供公共服务的绩效如何，要看民生状况是否改善，而如何客观地衡量民生状况，国外在这方面取得了一些成果。例如，联合国开发计划署（1990）提出了人类发展指数（Human Development Index，HDI），用于衡量联合国各成员国经济社会发展水平，同时也可帮助划分各联合国成员国的国民生活发展水平（已发展、发展中及低度发展）及量度经济政策对社会福利的影响。经过不断完善，该指数选择三个方面测量：健康长寿（用预期寿命衡量）、教育指标（用平均受教育年限、预期受教育年限衡量）和体面的生活（用实际人均国民收入衡量），着眼于人类发展来评价一个国家福利水平，虽然指标的选取还不够全面，但能从一定程度上反映出民生福祉状况。

目前发达国家专门对基本公共服务水平或资金进行专门测算的研究已经较少，但一些国际机构制定的衡量经济社会综合发展水平的指标体系中关于政府公共服务绩效评估的相关指标对我国有一定的借鉴意义。例如，世界银行设计了一套反映一国社会和经济发展主要特征的世界发展指标体系（World Development Indicators，WDI），自1978年起，每年发布《世界发展报告》。WDI范围广泛，体系庞大，几乎涵盖全球所有国家和地区，有超过1000个指标，是研究各国经济社会发展最重要的数据库之一。世界经济论坛（World Economic Forum，WEF）自1979年起，每年发布《全球竞争力报告》对各国和各经济体的竞争力进行评估。该报告的指标体系每年都会做一些修改，2013—2014年度报告的指标体系包括制度/机构、基础设施、宏观经济环境、卫生和基础教育、高等教育和培训、商品市场效率、劳务市场效率、金融市场效率、技术应用、市场规模、企业成熟度、创新12个方面，指标超过100个，其中很多指标都涉及基本公共服务绩效。[②] 瑞士洛桑国际管理学院（International Institute for Management Development，IMD）自1989年开始发布《世界竞争力年鉴》，从经济表现、政府效率、企业效率和基础设施四个方面衡量经济体竞争力，在此基

---

① 王泽彩：《财政均富论》，经济科学出版社2008年版，第82页。

② Schwab K., *The Global Competitiveness Report* 2013 –2014, Switzerland：SRO – Kundig, 2013, pp. 49 –50.

础上提出指标体系。① 这些指标和数据为测算我国基本公共服务资金供需提供了大量可资参照的标准。

二　国内研究综述

我国对"基本公共服务"的研究起步较晚，但成果颇丰。国内学者主要围绕基本公共服务均等化的内涵及外延、非均等的表现及原因、实现基本公共服务均等化的理论依据和路径、国外基本公共服务均等化情况、基本公共服务均等化的评价指标体系、制度保障等方面进行了研究。而对基本公共服务的资金需求、供给及解决供需矛盾的思路方面研究却很少。

关于基本公共服务的内涵和范围，国内学者已进行了充分的研究，为《国家基本公共服务体系"十二五"规划》的出台提供了理论支持。

陈昌盛、蔡跃洲（2007）将公共服务评价体系划分为基础教育、公共卫生、社会保障、公共安全、环境保护、基础设施、科学技术、一般公共服务8个子系统。他们认为，基本公共服务是指建立在一定社会共识基础上，根据一国经济社会发展阶段和总体水平，为维持本国经济社会的稳定、基本的社会正义和凝聚力，保护个人最基本的生存权和发展权，所必须提供的公共服务，基本公共服务是一定发展阶段上公共服务应该覆盖的最小范围和边界。② 安体富、任强（2007）认为关于基本公共服务有两种观点，一种观点认为，基本公共服务是直接与民生问题密切相关的公共服务；另一种观点认为基本公共服务是一定发展阶段上最低范围的公共服务。基本公共服务应该是指与民生密切相关的纯公共服务，包括义务教育、公共卫生、基础科学研究、公益性文化事业和社会救济等。③ 联合国开发计划署委托中国（海南）改革发展研究院协调撰写的《中国人类发展报告（2007/08）》以"惠及13亿人的基本公共服务"为副标题，指出完善基本公共服务的当务之急是义务教育、公共卫生与基本医疗、基本社会保障、公共就业这四个方面的公共服务。这四种公共服务是建立社会安全网、保障全体社会成员基本生存权和发展权所必须提供的基本公共服

---

① International Institute for Management Development, *World Competitiveness Year Book* 2014, Switzerland：Lausanne Press，2014.

② 陈昌盛、蔡跃洲：《中国政府公共服务：体制变迁与地区综合评估》，中国社会科学出版社2007年版，第3页。

③ 安体富、任强：《公共服务均等化：理论、问题与对策》，《财贸经济》2007年第8期。

务。报告建议应尽快从国家层面用统一的标准清晰地确定全体中国公民都有权享受的基本公共服务的范围。①

常修泽（2007）认为，基本公共服务包括以下四个方面的内容：义务教育、公共卫生和基本医疗、公共文化等公共事业性服务；就业和基本社会保障等基本民生性服务；生产安全、消费安全、社会安全、国防安全等公共安全性服务；公益性基础设施和生态环境等公益基础性服务。② 陈海威、田侃（2007）以政府提供服务的不同性质和类型来分类，将基本公共服务的范围划定在四大领域：一是底线生存服务，包括就业服务、社会保障、社会福利和社会救助，主要目标是保障公民的生存权。二是公众发展服务，包括义务教育、公共卫生和基本医疗、公共文化体育，主要目标是保障公民的发展权。三是基本环境服务，包括居住服务、公共交通、公共通信、公用设施和环境保护，主要目标是保障公民起码的日常生活和自由。四是基本安全服务，包括公共安全、消费安全和国防安全等领域，主要目标是保障公民的生命财产安全。③ 丁元竹（2007）认为，从我国现阶段实际出发，借鉴国际经验，根据我国《宪法》以及 2006 年通过的《中共中央关于构建社会主义和谐社会若干重大问题的决定》，我国现阶段的基本公共服务应界定在医疗卫生（或者叫公共卫生和基本医疗）、义务教育、社会救济、就业服务和养老保险。而且，义务教育、公共卫生和基本医疗、最低生活保障应当是我们基本公共服务中的"基本"。④ 刘尚希（2007）认为，基本公共服务的内容不是绝对的，它会因时间、地点的变化而变化。实现基本公共服务均等化最终要以全国公众基本消费均等化程度来衡量，在当前，则以"上不起学"、"看不起病"和"住不上房"的问题能否得到缓解直至解决为标杆。这是中国实现基本公共服务

---

① 联合国开发计划署、中国（海南）改革发展研究院：《中国人类发展报告——惠及 13 亿人的基本公共服务》，中国对外翻译出版公司 2008 年版，第 33、100 页。

② 常修泽：《中国现阶段基本公共服务均等化研究》，《中共天津市委党校学报》2007 年第 2 期，第 66—71 页。

③ 陈海威、田侃：《我国基本公共服务均等化问题探讨》，《中州学刊》2007 年第 3 期，第 31—34 页。

④ 丁元竹：《科学把握我国现阶段的基本公共服务均等化》，《中国经贸导刊》2007 年第 13 期，第 24—25 页。

均等化的要义所在。① 孙庆国（2009）认为衡量基本公共服务均等化应从投入、产出、效果三个层面着手，范围包括基础教育、基本医疗和公共卫生、公共安全、社会保障、就业服务、公益性基础设施、环境保护七个方面。②

关于实现基本公共服务均等化的路径和制度保障，国内学者从不同角度进行了研究，提出了一系列改革现行财税体制的措施。

吕炜、王伟同（2008）从公共需求与政府能力的视角分析了我国基本公共服务均等化的问题。公共服务提供不均等问题的出现，正是公共服务供给和需求在结构上的失调所导致的结果。因此，对于实现基本公共服务均等化，基本思路是在合理设定均等化标准的基础上，客观测定各地区基本公共服务的实际公共需求与政府服务能力，通过对比其差额来科学设计财政体制安排和转移支付方案，最终实现基本公共服务均等化。③ 福建省财政科学研究所课题组（2008）提出以完善政府财政能力均等化制度为主，以完善社会组织参与提供基本公共服务制度为辅，推进基本公共服务均衡制度的建立。④ 刘尚希（2007）认为，从实现基本公共服务均等化的方案选择上看，公共服务均等化有四个基点：财力、能力、服务结果和基本消费。落在不同的基点上，其实施成本和接近目标的程度是不一样的。并认为实现基本公共服务均等化的政策路径应该是：从发展与改革的结合上来规划；从财力和制度的结合上来操作；从供给与需求的结合上来实施；从政府与市场的结合上来运作。⑤ 中国财政学会"公共服务均等化问题研究"课题组（2007）提出公共服务均等化的主要实现手段是"均等化转移支付"，并对均等转移支付的内涵、形式、运行模式及国际借鉴

---

① 刘尚希：《基本公共服务均等化：现实要求和政策路径》，《浙江经济》2007 年第 13 期，第 24—27 页。

② 孙庆国：《论基本公共服务均等化的衡量指标》，《中国浦东干部学院学报》2009 年第 1 期，第 57—62 页。

③ 吕炜、王伟同：《我国基本公共服务提供均等化问题研究——基于公共需求与政府能力视角的分析》，《财政研究》2008 年第 5 期，第 10—18 页。

④ 福建省财政科学研究所课题组：《建立财政能力均衡制度，推进基本公共服务均等化》，《财会研究》2008 年第 9 期，第 9—14 页。

⑤ 刘尚希：《基本公共服务均等化：现实要求和政策路径》，《浙江经济》2007 年第 13 期，第 24—27 页。

等诸多方面进行了分析，为我国建立均等化转移支付制度提出了建议。①

目前国内学者都认为对基本公共服务的资金投入总量不足是一个问题，但是对实际需要的资金量，如何筹集资金，却研究得较少。主要有以下一些研究：

关于基本公共服务的资金需求总量测算，项继权、袁方成（2008）从公共财政投入与分配的角度对基本公共服务均等化问题进行研究，对2010—2020年我国逐步实现基本公共服务均等化的财政需求及其可行性进行分析，参考世界上其他国家的财政支出水平，从公共教育、医疗卫生、社会保障和公共文化四个方面简单预测了财政资金需求。② 中国（海南）改革发展研究院（2010）分公共教育、公共医疗卫生、基本社会保障与公共就业服务、基本住房保障四方面，简单提及"十二五"期间我国推进基本公共服务均等化的财政投入需求的初步测算结果是20.5万亿元左右，但未说明测算方法。③

关于个别省份的基本公共服务资金供需测算，如中国（海南）改革发展研究院（2008）对广东省的资金需求测算中，按照高标准（珠三角的基本公共服务的平均水平）、平均标准（基本公共服务全省的平均水平）以及低标准（全国基本公共服务的平均水平）进行划分，按平均标准初步估算，2009—2020年，全省投入基本公共服务领域的财政资金总量不低于8000亿元。并初步估算每年新增财政支出中省、市、县的分担比例分别为55%、40%和5%。中国（海南）改革发展研究院（2010）在对沈阳经济区的基本公共服务均等化规划中，通过预测各项公共服务财政支出的增长速度和沈阳经济区人口总量规模来测算基本公共服务的总财力需求及各项需求。④

关于如何解决基本公共服务的资金来源问题，宋立根（2008）认为实现基本公共服务均等化的资金来源有财政和市场来源筹资、非政府组织

① 中国财政学会"公共服务均等化问题研究"课题组：《公共服务均等化问题研究》，《经济研究参考》2007年第58期，第2—36页。

② 项继权、袁方成：《我国基本公共服务均等化的财政投入与需求分析》，《公共行政评论》2008年第3期，第89—123、199页。

③ 中国（海南）改革发展研究院：《中国基本公共服务建设路线图》，世界知识出版社2010年版。

④ 同上。

筹资、境外筹资、个人筹资等多渠道。[①] 中国（海南）改革发展研究院（2010）对沈阳经济区的基本公共服务均等化规划中，简要提及可从税收改革带来的财力增长、国有资本收租分红带来的财力增长、土地出让金增长以及财政支出结构调整带来的用于公共服务的财力增长几个方面进行财力可行性估算。[②] 王元京、阳曜（2011）认为要开拓新型的、稳定的财政资金来源，赋予地方政府一定范围、一定幅度的税收立法权和调整权，建立主要面向社会公益事业的发展基金，运用市场化的融资手段，扩大财政信用功能，丰富社会事业的资金来源。此外，政府要举办公共工程，引导社会资金配套跟进。[③]

也有关于基本公共服务各个分项的资金测算和分析，如王文童（2007）对中国特色的社会保障机制的筹资模式及其税式管理的难点、焦点问题进行了分析研究，提出理顺和完善社会保险费的征缴机制、实行"四位一体"的征管模式、适当降低企业养老保险费率、加快建立社会保险费省级统筹步伐等主张。[④] 姚红义（2010）分析了我国中西部农村最低生活保障资金供需。根据以贫困线设定的贫困人口数量加上低收入人口及人均补差标准测算出东、中、西部及东北地区2007年农村低保资金需求量共计191.85亿元。供给方面，去掉前期财政已经投入农村特困救济、农村传统救济和农村"五保户"供养与低保范围相同的三类贫困人群上的资金，财政实际需要提供的资金只有120.17亿元，如果这些资金全部由中央财政负担（目前主要由各地区财政负担），也只占2007年税收收入的0.24%，占新增收入的1.02%。加上中西部地区纵向财政资金缺口明显，各地方政府用于满足公共物品投入的财政收入能力不足，很难筹措到满足公共产品投入所要求的足够自有财政资金，所以资金应由中央政府

---

① 宋立根：《筹集资金来源，实现公共服务均等化目标》，《经济研究参考》2008年第58期，第8—11页。

② 中国（海南）改革发展研究院：《中国基本公共服务建设路线图》，世界知识出版社2010年版。

③ 王元京、阳曜：《完善地方政府融资模式的构想》，《宏观经济管理》2011年第4期，第56—59页。

④ 王文童：《社会保障筹资模式及其税式管理问题的研究》，《税务研究》2007年第4期，第75—79页。

财政提供。①

　　黄小娟（2008）指出我国农村社会保障资金筹集过程中存在的问题，并对我国目前在探寻农村社会保障资金筹集过程中出现的一些典型农村社会保障模式进行分析、评价，借鉴国外及我国香港和台湾两地区农村社会保障资金筹集方式，从而探索出多种筹资渠道以满足农村社会保障的需求。② 李洁静（2011）对我国政府医疗保障财政责任的资金需求做了静态分析及动态预测。在静态分析中，测算了城乡医疗保险、医疗救助、政府公费医疗、公务员医疗补助四部分的财政资金需求。例如，用国家补贴标准测算出城乡医疗保险的财政资金需求量。在动态预测中，预测城镇居民医疗保险和新型农村合作医疗对财政的总资金需求。通过分析中国政府医疗保障财政责任现状，得出存在政府医疗保障财政责任定位模糊、医疗保障财政支出总量不足、医疗保障财政责任和医疗救助财政责任没有到位等问题，并提出对策建议。③

　　以上研究都未跳出传统的财税视角，没有考虑到充分利用我国现有的国有资产和财力资源，没有从整个国家资源配置的层面上考虑基本公共服务资金供给问题。有学者探讨了改革我国国有资产管理体制，发挥其对基本公共服务资金供给积极作用的可能性。张瑞琰（2008）认为国有资本经营预算制度的最终目标只能是促进全民利益最大化，通过分析比较和总结评价国内外国有资本经营预算编制管理情况，提出我国国有资本经营预算的制度选择。④ 许剑勇（2008）分析了国有资产分类结构的现状与问题，阐述了国有资产实行分类管理的思路与对策。初步探讨了国有资产在公共物品和公共事业领域中不可推卸的责任。⑤

　　如果从统筹国家财力的角度思考基本公共服务资金问题，需要对财政资金和国有资产进行测算。关于这方面测算的代表性文献有：

　　世界银行（World Bank，2006）从生产资本、自然资源和人力资源三

---

　　① 姚红义：《完善中西部农村最低生活保障的思路与对策》，硕士学位论文，西北农林科技大学，2010 年。

　　② 黄小娟：《我国农村社保资金筹措问题研究》，硕士学位论文，新疆财经大学，2008 年。

　　③ 李洁静：《中国政府医疗保障财政责任研究》，硕士学位论文，南京财经大学，2011 年。

　　④ 张瑞琰：《国有资本经营预算性质与管理研究》，博士学位论文，西南财经大学，2008 年。

　　⑤ 许剑勇：《我国国有资产分类管理的思路与对策》，硕士学位论文，上海交通大学，2008 年。

方面估算了世界上近 120 个国家和地区的总财富，认为经济发展可以被设想为一个投资组合管理过程。研究分为四部分，第一部分具体估算了财富，强调不同国家的财富水平及组合方式。第二部分分析了财富的变化，以及它们是如何影响经济政策的。第三部分是关于财富水平、组成和对经济增长和不平等的影响。第四部分回顾了现有资源和环境会计的应用。[1]

余超（2007）阐述了财政资金动态使用的定义及相关问题，借鉴国外的经验，对我国财政资本运作模式及机构设置作了初步设想，并用实证的方式说明了我国财政资金如何利用现有的金融工具实现了增值，以及达到的预期效果。[2]

陈婷、赵杨、熊军（2011）以 2000 年 1 月 1 日至 2008 年 7 月 31 日的股票市场数据、债券市场数据和货币市场数据为基础编制股票收益率指数、债券收益率指数和现金资产收益率指数，通过对上述三指数均值方差最优化方法实证分析中国养老基金的战略资产配置问题。[3]

李扬等（2012）基于国民负债表的理论框架，编制了 2000—2020 年的中国主权资产负债表，他认为主权资产是指政府拥有或控制的资产，包括其他可动用的资源，不包括居民部门和私人企业部门。他将主权资产界定为六项：国有经营性资产、国有非经营性资产、政府所拥有的资源性资产、对外主权资产、全国社保基金国有资产和政府在中央银行的存款。运用现有数据并通过必要估算得出 2000—2010 年主权资产、主权负债和政府净值的变动情况。[4]

基本公共服务均等化是热点问题。从目前国内的研究来看，虽然相关的研究成果很多，但专门对资金供需问题进行定量研究的文献比较少。从统筹国家财力资源层面研究基本公共服务资金供需问题的文献更为少见。由于缺乏详细的数据支持和系统的顶层设计，国家对基本公共服务的科学

① World Bank, *Where is the Wealth of Nations? —Measuring Capital for the 21st Century*, Washington: The World Bank, 2006.

② 余超：《关于我国财政资金动态使用问题的研究》，硕士学位论文，山西财经大学，2007年。

③ 陈婷、赵杨、熊军：《中国养老基金战略资产配置实证分析》，《宏观经济研究》2011年第 10 期，第 47—50、85 页。

④ 李扬、张晓晶、常欣等：《中国主权资产负债表及其风险评估》（上），《经济研究》2012 年第 6 期，第 4—19 页；李扬、张晓晶、常欣等：《中国主权资产负债表及其风险评估》（下），《经济研究》2012 年第 7 期，第 4—21 页。

投入受到限制。本书力图补充现有文献的这一不足，对基本公共服务资金供需进行定量分析和预测，把拓展基本公共服务资金来源和进行统筹整合国家财力资源的制度建设结合起来，为国家的相关决策提供依据和参考。

第三节　主要内容和逻辑框架

本书以具有中国特色的经济、社会和制度环境为依托，在合理界定基本公共服务范围的基础上，试图重点解决以下问题：到 2015 年和 2020 年，我国实现基本公共服务均等化究竟需要多少资金？预测国家会提供的资金量是多少，缺口是多少？国家掌控的可以利用的资金有多少？资金在获取和利用时存在哪些问题？如何优化配置可利用的资金，在保证财政资金和国有资产的安全性的同时，提高流动性和使用效率，投入基本公共服务领域以真正实现均等化的目标？

为解决这些问题，本书将对以下内容进行研究：第一章是本书研究的理论基础，界定书中的基本概念，如基本公共服务的概念和范围，财政资金、国有资产相关概念等；阐述基本公共服务均等化的理论依据以及财政资金、国有资产等相关理论。第二章测算我国基本公共服务的资金需求，按两种方法预测出 2015 年和 2020 年我国的基本公共服务的资金需求。第三章对我国基本公共服务的资金供给规模的绩效进行实证考察，分析资金供给现状及存在的问题，并用两种方法预测出 2015 年和 2020 年我国的基本公共服务供给量，计算出不同时期的资金供需缺口。第四章对我国可用于基本公共服务的财力进行估算，指出可能的资金供给来源以及存在的问题。第五章分析一些国家基本公共服务资金具体操作经验和国外资源优化配置的经验，力求总结其成功之处，为我国优化财政资源配置提供借鉴。实现基本公共服务均等化的关键是弥补资金缺口，根据以上研究，第六章提出弥补我国资金缺口问题的基本思路。

根据以上主要内容，本书的逻辑框架如图 0 - 1 所示。

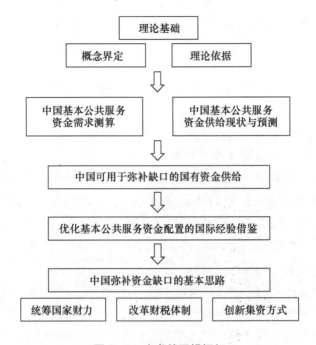

图 0 – 1　本书的逻辑框架

第四节　主要研究方法及创新点

本书的主要研究方法有文献研究法、实证分析和规范分析相结合的方法、定量分析与定性分析相结合的方法以及比较分析法。可能的创新之处有四点。

一　主要研究方法

第一，文献研究法。科学研究总是建立在前人研究的基础上。本书首先从文献研究出发，较为系统地梳理了国内外相关研究成果，对其进行归纳述评，奠定本书的研究基础。

第二，实证分析和规范分析相结合的方法。一方面，本书运用大量数据资料，对我国基本公共服务资金的供需和使用现状进行实证分析，力图说明资金供需"实际是什么"、"实际怎么样",并预测未来"会如何"的问题。另一方面,基于提高资金使用效率、扩展基本公共服务资金来源的判断,使用规范分析方法分析基本公共服务的资金使用现状,提出如何优化配置财政资金和国有资产的对策建议,为弥补资金缺口提供基本思路,从理论上说明"应该是什么"、"应该怎么做"。

第三,定量分析与定性分析相结合的方法。从现有研究基本公共服务的文献来看,定性分析较多,定量分析较少。本书在主体部分采用定量分析的方法,运用大量数据资料,建立数学模型,采用多种计量经济学方法对我国基本公共服务资金供需问题进行较为精确的分析和预测。在理论基础、财政资金和国有资产优化配置、完善公共财政制度的措施等方面采用定性分析法。

第四,比较分析法。评价基本公共服务资金供需水平,需要选取一定的标准。本书的研究对象是"中国基本公共服务资金供需",但研究视野不局限在国内,而是选择一定的国际标准进行比较分析。例如,在测算资金需求和预测资金供给时,根据世界银行、国际货币基金组织的相关数据,选择中等收入国家、世界平均水平和高收入国家与中国进行对比研究,借此探寻中国存在的问题。在研究财政资金优化配置时,考察了一些典型发达国家、发展中国家的经验。这里都采用了比较分析法。

二　可能的创新之处

一是选题的创新性。目前国内研究基本公共服务均等化的文献主要集中在理论依据、对策分析、体制改革等方面,缺乏对资金问题系统、深入、定量的研究。而资金问题又是基本公共服务均等化的核心问题。本书的选题弥补了现有文献这方面的不足,具有一定的创新性。

二是研究方法的创新。以往研究基本公共服务的文献多为定性分析,本书通过构建计量经济学模型,运用大量数据资料,采用多种预测方法,对基本公共服务资金问题进行了一个定量分析。在已有文献基础上,对基本公共服务问题进行了具有一定创新性的深入研究。

三是在研究内容方面,现有文献缺乏对实现基本公共服务均等化所需资金进行的详细测算,以及对可能的资金供给的细分和测算,特别是对国家层面资金供需进行系统测算的文献很少。本书用计量经济学方法测算了我国 2015—2020 年基本公共服务资金的需求和供给状况,计算出了可能存在的资金缺口。

　　四是在研究视野方面，现有的文献多是在现行财税体制框架下提出对策，而本书跳出这一框架，从统筹和整合国家综合财力资源的视角提出解决基本公共服务资金问题的对策思路，有一定的创新意义。

第一章

理论基础

本章首先界定基本公共服务的概念和范围，明晰财政资金、国有资产、公有资产、国有资本经营预算的概念，并对这些概念做必要的讨论。其次阐述本书的理论依据，不断发展的福利经济学理论、社会正义理论、公共财政理论、人力资本理论等相关理论为基本公共服务均等化思想奠定了理论基础。财政资金、国有资产相关理论是优化财政资金配置、构建全面统筹和整合国家综合财力资源的机制的理论基础。

第一节 概念界定

与本书研究主题相关的基本概念包括基本公共服务、财政资金、国有资产、公有资产、国有资本经营预算等。

一 基本公共服务的概念和范围

自 2006 年中共中央首次提出"逐步实现基本公共服务均等化"后，学术界对我国基本公共服务的概念和范围进行了诸多探讨。经过多年研究和讨论，学术界就基本公共服务的概念和应覆盖的范围已基本达成共识，为国家做出正式的决策奠定了坚实理论基础。① 2012 年 7 月，国务院出台我国第一部国家基本公共服务总体规划：《国家基本公共服务体系"十二五"规划》（以下简称《规划》），对我国现阶段基本公共服务的概念和范围作了明确规定，结束了学术界的相关讨论。

《规划》指出："基本公共服务是建立在一定社会共识基础上，由政

---

① 相关讨论参见绪论部分第二节之"国内研究述评"。

府主导提供的，与经济社会发展水平和阶段相适应，旨在保障全体公民生存和发展基本需求的公共服务。享有基本公共服务属于公民的权利，提供基本公共服务是政府的职责。基本公共服务均等化，指全体公民都能公平可及地获得大致均等的基本公共服务，其核心是机会均等，而不是简单的平均化和无差异化。"[1]

《规划》认为，基本公共服务范围，一般包括保障基本民生需求的教育、就业、社会保障、医疗卫生、计划生育、住房保障、文化体育等领域的公共服务，广义上还包括与人民生活环境紧密关联的交通、通信、公用设施、环境保护等领域的公共服务，以及保障安全需要的公共安全、消费安全和国防安全等领域的公共服务。为突出体现"学有所教、劳有所得、病有所医、老有所养、住有所居"的要求，《规划》将基本公共服务范围确定为公共教育、劳动就业服务、社会保障、基本社会服务、医疗卫生、人口计生、住房保障、公共文化八个领域，基本公共服务范围内涵如图1－1所示。

《规划》规定，基本公共教育服务包括九年义务教育、高中阶段教育和普惠性学前教育三方面内容，保障所有适龄儿童、少年享有平等受教育的权利，提高国民基本书化素质。劳动就业服务的内容是就业服务和管理、职业技能培训和劳动关系协调和劳动权益保护三个方面，为全体劳动者就业创造必要条件，加强劳动保护，改善劳动环境，保障合法权益，促进充分就业和构建和谐劳动关系。社会保险包括基本养老保险、基本医疗保险、工伤保险、失业保险、生育保险等，保障公民在年老、疾病、工伤、失业、生育等情况下依法从国家和社会获得物质帮助的权利。基本社会服务包括社会救助、社会福利、基本养老服务和优抚安置等，为城乡居民尤其是困难群体的基本生活提供物质帮助，保障老年人、残疾人、孤儿等特殊群体有尊严地生活和平等参与社会发展。基本医疗卫生服务包括公共卫生服务、医疗服务、药品供应和安全保障等，为城乡居民提供安全、有效、方便、价廉的基本医疗卫生服务，切实保障人民群众身体健康。人口和计划生育服务包括计划生育服务和计划生育奖励扶助，完善人口和计划生育服务体系，保障城乡育龄人群身心健康，促进人口长期均衡发展。

---

[1]　中华人民共和国国务院：《国务院关于印发国家基本公共服务体系"十二五"规划的通知》，http：//www.gov.cn/zwgk/2012－07/20/content_2187242.htm，2012年7月20日。

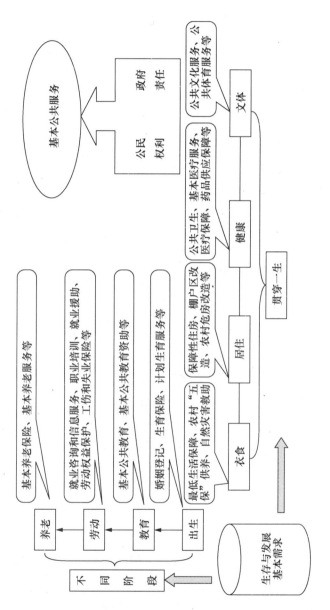

图 1－1　我国确定的基本公共服务范围内涵

资料来源：《国家基本公共服务体系"十二五"规划》。

基本住房保障服务包括廉租住房和公共租赁住房、棚户区改造、农村危房改造和保障性住房管理等内容，维护公民居住权利，逐步满足城乡居民基本住房需求，实现住有所居。公共文化体育服务的范围涵盖公益性文化、广播影视、新闻出版和群众体育，保障人民群众看电视、听广播、读书看报、进行公共文化鉴赏、参加大众文化活动和体育健身等权益。[1]

《规划》的出台，表明我国基本公共服务均等化已从理论探讨转入实践操作阶段。基本公共教育、社会保障和就业、基本医疗和公共卫生这三项内容是人民群众需求最迫切、反映最强烈的基本公共服务，可以说，是基本中的"基本"。同时，无论是中国还是其他国家，这三项内容的资金投入也较为明确，数据可得性较好。因此，本书重点研究这三项基本公共服务。

二　财政资金、国有资产等相关概念界定

发达国家基本公共服务资金绝大多数来源于税收，而我国政府除税收外还掌握大量包括国有资产在内的财力资源。构建全面统筹和整合国家综合财力资源的机制，首先要明确国家掌握哪些财力资源。

（一）财政资金

我国学术界目前对财政本质的认识还存在争议。但无论是"国家分配论"还是"公共财政论"都认为在国家存在的历史阶段，国家（政府）是财政分配的主体。为实现国家职能也好，为满足社会公共需要也罢，国家总是出于一定目的而集中一部分社会资源进行公共活动。财政资金是指以国家财政为中心，以税收、国债等形式收集起来的用于保障国家职能实现和满足社会公共需要的资金，它不仅包括中央政府和地方政府的财政收支，还包括与国家财政有关系的企业、事业和行政单位的货币收支。"财政的本质寓于财政收支双方资金运动的数量关系之中。"[2] 财政资金是国家进行各项活动的财力保证，是社会资金的主导，对社会资金的运作有巨大的控制力和影响力。

我国财政资金的范围经历了一个变迁过程。2011 年之前，我国的财

---

[1]　中华人民共和国国务院：《国务院关于印发国家基本公共服务体系"十二五"规划的通知》，http://www.gov.cn/zwgk/2012-07/20/content_2187242.htm，2012 年 7 月 20 日。

[2]　邓子基、徐日清：《财政收支矛盾与平衡转化问题》，厦门大学出版社 1987 年版，第 15 页。

政资金由国家预算内资金和预算外资金两个部分组成。预算外资金是指不列入国家预算，由各地区、各单位按照国家规定单独管理、自收自支的资金。2011 年，我国全面取消预算外资金，将所有政府性收入全部纳入预算管理。这是预算管理制度改革取得的重大成果，有利于规范财政资金的分配秩序，保证预算完整，推动由公共财政预算、政府性基金预算、国有资本经营预算和社会保险基金预算组成的政府预算体系建设。同时强化了财政资金管理，加强人大和社会各界对财政资金的监督，提高财政管理透明度和依法理财水平。

财政资金的支出，主要是用于提供公共产品。除在一定程度上具有公共物品非排他性和非竞用性的特征外，政府提供的公共产业还有以下几个特征：一是生产具有不可分性。即它要么向集体内所有的人提供，要么不向任何人提供。国防是一个极好的例子。二是规模效益大。规模经济往往是公共产品产生的一个重要原因。如灯塔。三是初始投资特别大，而随后所需的经营资本额却较小。如电信光缆。四是生产具有自然垄断性。五是对消费者收费不易，或者收费本身所需成本过高。六是消费具有社会文化价值。如国家对文化艺术事业的支持。[1] 这类产品的投入资金量大，建设周期较长、投资回收期长，甚至无法直接带来物质利益回报，以营利为目标的市场投融资不愿介入。但这类产品却十分重要，关系着国计民生，需要国家承担供给责任。财政资金支出的对象主要包括国防建设，科教文卫建设、道路等基础设施建设、环境保护设施的建设，政府等政权设施的建设，以及对农林牧渔、能源工业、交通运输业、邮电通讯业、地质普查与勘探、支柱产业和高新技术产业等的投资。

（二）公有资产

公有资产是相对私有资产而言的。在我国公有资产包括国有资产和集体所有资产。从西方国家的经验来看，在 1929—1933 年经济危机爆发之前，公共经济的范围小，西方理论界尚未完全重视公有资产的理论研究。经济危机爆发之后，国家干预主义兴起，政府不仅为刺激有效需求而干预经济，而且还加强公共职能，重视公有资产的配置。政府通过合理配置和使用公有资产，为社会提供公共产品，保障了基本公共服务供给，为经济健康发展和社会安全稳定提供保障。

---

① 张卓元：《政治经济学大辞典》，经济科学出版社 1998 年版。

　　在公有资产的配置方面，美国经济学家马斯格雷夫和罗斯托认为，在经济发展初期，政府投资是社会投资的主体，道路、环境卫生系统、法律等基础设施都由政府的公共部门提供，随着经济发展，私人投资越来越多，政府投资只是私人投资的补充。经济发展进入成熟阶段后，政府投资主要转向不断增加的公共服务，如教育、医疗卫生和福利等方面。

　　国有资产不仅包括财政直接投入形成的资产，而且包括了政府间接投入的资产以及未来可为政府带来收益的资产。它既包括有形资产，又包括无形资产；既包括已经形成的资产，又包括正在形成的资产。在资金的来源上要跳出局限于单一财政投资的思维，按不同种类的产品统筹分类，让资金来源渠道多元化：纯公共产品必须由财政资金完全投入，而准公共产品可以准许甚至鼓励社会资金投入。在资产管理上，需要以投入管理为重点，突破传统，向前延伸到资产的规划设计，向后延伸到资产的日常运作及回收，由此实现整个过程的良性循环。

　　（三）国有资产

　　国有资产是指法律上由国家代表全民拥有所有权的各类资产。国有资产的概念有广义和狭义之分，广义的国有资产是所有权属于国家的一切财产，包括政府依据法律或基于国家权力取得的财产或财产权利，以及国家已有资产的收益形成的属于国家的财产，以各种方式投资、拨款、接受馈赠形成的属于国家的财产。狭义的国有资产是指法律上确定为国家所有的并能从事生产经营活动为国家提供效益的资产。它们存在于各类国有及国家参股、控股的企业及国家直接或间接投资的其他事业。

　　国有资产可以分为经营性国有资产、非经营性国有资产（行政事业性国有资产）和资源性资产三大类。经营性国有资产指国家作为出资者在企业中依法拥有的资本及其权益。主要包括企业国有资产、原行政事业单位占有使用的非经营性资产转作经营用途的资产等。经营性国有资产主要以盈利和实现资本增值为目标。非经营性国有资产指本身并不投入生产过程，只是为履行国家行政管理和社会管理职能的非经营性资产，主要包括分配给行政事业单位的国有资产、行政单位按照国家政策规定运用国有资产所得收入形成的资产，以及接受捐赠和其他依法确认为国家所有的资产等。非经营性国有资产应在保证完成国家行政管理和社会管理职能任务的前提下，以有效合理使用为目标。资源性资产指国家依法拥有的土地、森林、水流、海洋、矿藏、草原、滩涂等资源性资产。这部分资产应以合理开发、有效利用、有偿使用、充分补偿、有利再生为主要目标。

（四）国有资本经营预算

国有资本（State - owned Capital）是一个与国有资产（State - owned Assets）既有所联系又有所区别的概念。关于"资本"的定义，历来是经济学争议的热点问题。亚当·斯密在《国富论》中把资本描述为："他所有的资财，如足够维持他数月或数年的生活，他自然希望这笔资财中有一大部分可以提供收入；他将仅保留一适当部分，作为未曾取得收入以前的消费，以维持他的生活。他的全部资财于是分成两部分。他希望从以取得收入的部分，称为资本。"① 马克思在《资本论》中则指出，"资本不仅像亚当·斯密所说的那样，是对劳动的支配权。按其本质来说，它是对无酬劳动的支配权。一切剩余价值，不论它后来在利润、利息、地租等哪种特殊形态上结晶起来，实质上都是无酬劳动时间的化身。资本自行增殖的秘密归结为资本对别人的一定数量的无酬劳动的支配权。"② 马克思从剩余价值生产的角度，强调资本追求增殖的基本特征："资本只有一种生活本能，这就是增殖自身，创造剩余价值，用自己的不变部分即生产资料吮吸尽可能多的剩余劳动。"③

不管怎么说，资本的一般属性是要实现价值增值，为所有者提供收入。正如欧文·费雪（Irving Fisher，1930）所言："资本，就资本价值的意义讲，只不过是将来收入的折现，或者说是将来收入的资本化。……资本价值是来自收入的价值。……资本价值不是别的，只不过是资本化的收入而已。"④ 在众多的国有资产中，只有经营性的国有资产才可以实现价值增值，取得收入。因此，国有资本就是经营性国有资产的价值表现形态，是国家在其所投入的资产中凭借资本所有权所享有的一种权益。国有资本还具有其特殊属性，体现在其具有增值和服务的双重职能，国有资本要不断增值才能保证能服务于公众利益。

---

① ［英］亚当·斯密：《国民财富的性质和原因的研究》（上卷），郭大力、王亚南译，商务印书馆1972年版，第254页。

② 马克思、恩格斯：《马克思恩格斯全集》（第四十四卷），人民出版社2001年版，第611页。

③ 同上书，第269页。

④ ［美］欧文·菲歇尔：《利息理论》，陈彪如译，上海人民出版社1959年版，第11—16页。

国有资本经营预算，是国家以所有者身份依法取得国有资本收益，并对所得收益进行分配而发生的各项收支预算，是政府预算的重要组成部分。它反映了国有资本所有者和经营者之间的收益分配关系。建立国有资本经营预算制度，有利于增强政府的宏观调控能力，完善国有企业收入分配，调整优化国有经济布局和结构，对解决国有企业发展中的体制性、机制性问题具有重要意义。

根据我国政府的规定，我国国有资本经营预算的收入是指各级人民政府及其部门、机构履行出资人职责的企业（即一级企业，下同）上交的国有资本收益，主要包括：（1）国有独资企业按规定上交国家的利润。（2）国有控股、参股企业国有股权（股份）获得的股利、股息。（3）企业国有产权（含国有股份）转让收入。（4）国有独资企业清算收入（扣除清算费用），以及国有控股、参股企业国有股权（股份）分享的公司清算收入（扣除清算费用）。（5）其他收入。国有资本经营预算的支出主要包括：①资本性支出。根据产业发展规划、国有经济布局和结构调整、国有企业发展要求，以及国家战略、安全等需要，安排的资本性支出。②费用性支出。用于弥补国有企业改革成本等方面的费用性支出。③其他支出。具体支出范围依据国家宏观经济政策以及不同时期国有企业改革和发展的任务，统筹安排确定。必要时，可部分用于社会保障等项支出。①

第二节　理论依据

研究我国基本公共服务资金供需的主要目的是为我国在 2020 年基本实现基本公共服务均等化提供解决资金问题的思路，同时也是以此为契机，优化国有资产配置，从顶层设计的角度构建全面统筹和整合国家综合财力资源的长效机制。这首先需要了解基本公共服务均等化、国有资产管理的相关理论。

一　基本公共服务均等化的理论依据

基本公共服务均等化是现代国家的普遍追求，具有重要的意义。福利

---

① 中华人民共和国国务院：《国务院关于试行国有资本经营预算的意见》，国务院办公厅（http：//www. gov. cn/xxgk/pub/govpublic/mrlm/200803/t20080328_ 32760. html），2007 年 9 月 8 日。

经济学、公共财政理论、社会正义理论、人力资本理论等共同形成了基本公共服务均等化的理论依据。

（一）福利经济学理论

福利经济学由英国经济学家托马斯·霍布斯（Thomas Hobbes）和阿瑟·塞西尔·庇古（Arthur Cecil Pigou）于20世纪20年代创立，主要研究社会经济福利。庇古在1920年出版的《福利经济学》一书中较早表述了"均等化"的意义。他指出要增加社会福利就必须实现收入均等化，并以边际效用递减规律为根据论证了通过税收和补贴等措施将富人的部分收入转入穷人手中将增加社会福利。

庇古以边际效用为工具论述了福利的含义，"每当任何一种用途中的资源生产的社会净边际产品的价值小于任何另一种用途中的资源时，便可以通过把资源从社会净边际产品的价值较小的用途转移到价值较大的用途，来增加货币尺度所测量出的满足总额。由此可知，既然根据假设，只有一种资源安排能使社会净边际产品的价值在所有用途中相等，这种安排必然是能使本书所界定的国民所得最大的安排。"① 庇古提出了两个论断，即个人实际收入的增加可以增大其满足程度，将富人的货币收入转移给穷人则会增大社会的总体满足程度。据此，他提出两个基本命题，首先是国民收入极大化命题，国民收入总量越大，社会经济福利就越大；其次是收入分配均等化命题，国民收入分配越均等化，社会经济福利也就越大。这两个命题首次将社会福利问题和国家干预、收入分配等问题结合起来，是基本公共服务均等化的基础性理论依据。说明要想提高全社会的福利水平，生产方面要增加国民收入，分配方面要消除国民收入分配的不均等。而增加基本公共服务的供给总量、使其分配更加合理是实现社会福利增加的重要手段。

1929—1933年经济危机以后，英美等国的一些经济学家在新的历史条件下，对福利经济学进行了许多修改和补充，形成新福利经济学。新福利经济学用帕累托最优来分析政府的政策。提出了福利经济学的第一和第二定理，其中第一定理是：完全竞争的市场经济一般均衡都是帕累托最优。第二定理是：任何一个帕累托最优配置都可以从适当的初始配置出

---

① ［英］A. C. 庇古：《福利经济学》（上卷），朱泱、张胜纪、吴良健译，商务印书馆2006年版，第149页。

发，通过完全竞争市场实现。

所谓"帕累托最优"是指这样一种资源配置状态，在该状态下，任意改变都不可能使至少有一个人的状况变好，也不使任何人的状况变坏。根据这一原则，政府可以通过再分配方法来达到政策目的。制定经济调节政策，使受益者拿出一些收益，全部补偿受损者的损失（如征收个人所得税），从整体的角度看，如果损失的利益小于得到的利益，那么这项经济政策的实施就会增加社会总福利。贝努利—纳什社会福利函数强调分配越是平等，社会福利就越大；罗尔斯社会福利函数重视提高社会上状况最差的那些人的生活水平。① 所以，对穷人救助和对贫困地区的转移支付是必要的，基本公共服务均等化有利于提高社会福利。福利经济学为基本公共服务均等化提供了进一步的理论支持。

（二）公共财政理论

公共财政理论的奠基人亚当·斯密在其经典著作《国富论》中，将政府财政的管理范围和职能限定在公共安全、公共收入、公共服务、公共工程、公共机构、公债等范围，基本确立了公共财政理论的框架。后经两个多世纪的发展，公共财政理论不断趋于完善。

公共财政就是在市场经济条件下弥补市场失灵、提供公共产品的财政运行模式。公共财政有资源配置、收入分配和经济稳定的职能。资源配置主要是通过调节资源在地区之间、产业部门之间、政府部门和非政府部门（企业和个人）之间的配置，使资源结构合理化，提高使用效率，获取最大的经济和社会效益。财政的收入分配职能主要体现在通过为全社会提供公共产品和服务，让全体社会成员享有公平的生存权和发展权；通过财税

---

① 贝努利—纳什社会福利函数的基本形式如式（1-1）所示。

$$W(x) = U(x_1) U(x_2), \cdots, U(x_n) \tag{1-1}$$

该福利函数为乘法型，意味着当社会成员的效用总量给定时，分配越是均等，社会福利就越大。反之，分配越不均等，社会福利就越小。

罗尔斯社会福利函数的基本形式如式（1-2）所示。

$$W = \min(U_1, U_2, \cdots, U_n) \tag{1-2}$$

根据罗尔斯社会福利函数，社会总福利水平由福利水平最低的社会成员决定，提高社会上状况最差的那些人的生活水平会提高社会总福利；同时降低生活状况较好的人的生活水平不会降低社会总福利。

这两种福利函数都表达了在总效用一定的情况下，实现均等化对改善社会总福利的重要意义。

调节，使企业公平竞争；通过税收、转移性支出等手段调节居民个人收入水平；通过税收优惠、财政投资、政府间财政转移支付来调节地区间财力差距。公共财政的经济稳定职能主要体现在通过财政预算进行调节，实现社会供求总量平衡；通过调整财政收入和财政支出的安排来稳定经济。公共财政是与市场经济相适应的一种财政类型，是市场经济国家通行的财政体系及制度安排。

公共财政理论认为，国家负有保障社会公民基本公共服务提供的最终职责，其职责实现范围决定了基本公共服务的具体内容。公共财政是提供基本公共服务所需公共资金和公共资源的重要保障。

（三）社会正义理论

我国古代就产生了社会公平正义的思想，最早可以追溯到春秋战国时代的儒家和墨家。

针对春秋末期季孙氏等新贵之暴富的现象，孔子意识到贫富过于悬殊，将会影响到社会稳定。他在《论语·季氏第十六》中提出："不患寡而患不均，不患贫而患不安。盖均无贫，和无寡，安无倾。"[1]《礼记·礼运》描绘了孔子心中理想的和谐社会蓝图："大道之行也，天下为公。选贤与能，讲信修睦。故人不独亲其亲，不独子其子，使老有所终，壮有所用，幼有所长，矜寡孤独废疾者皆有所养，男有分，女有归。货恶其弃于地也，不必藏于己；力恶其不出于身也，不必为己。是故谋闭而不兴，盗窃乱贼而不作，故户外而不闭，是谓大同。"[2]

儒家思想中也有许多关于养老和社会保障的设计。《礼记》记载了我国周朝养老的礼俗与制度，阐述了分级养老的思想以及中央和地方政府分别承担养老责任。《礼记·王制》写道："凡养老，有虞氏以燕礼，夏后氏以飨礼，殷人以食礼，周人修而兼用之。五十养于乡，六十养于国，七十养于学，达于诸侯。八十拜君命，一坐再至，瞽亦如之。九十使人受。"[3]《孟子·梁惠王下》记载了孟子的社会救济思想："老而无妻曰鳏，老而无夫曰寡，老而无子曰独，幼而无父曰孤。此四者，天下之穷民而无告者。文王发政施仁，必先斯四者。"[4] 孟子指出，实行"仁政"的

---

① 孔丘、孟轲：《论语·孟子》（上），内蒙古人民出版社2010年版。
② 张树国（点注）：《中华传世经典阅读·礼记》，青岛出版社2009年版，第97页。
③ 同上书，第62页。
④ 孟子：《孟子全集》，古吴轩出版社2012年版，第32页。

君主对于这些弱者要提供经常性的粮食救济，对于不能自食其力的残疾人则应有供养制度。

墨子认为："万事莫贵于义。"这里的正义指的是维护他人的权利、天下人的权利。墨家的核心理念是"兼爱"，即倡导无差别、无等级的爱。墨子认为只有"兼爱"才能使社会和谐："天下之人皆相爱，强不执弱，众不劫寡，富不侮贫，贵不敖贱，诈不欺愚。"[1] 墨家崇尚和平、和谐、社会保障完善的社会。《墨子》中的《天志中》和《非命下》写道："有力相营，有道相教，有财相分"，以此达到"饥者得食，寒者得衣，劳者得息，乱者得治"的和谐社会。[2]

在西方，早在古希腊，众多思想家们就开始关注社会公平正义，其中最具有代表性的是柏拉图和亚里士多德。柏拉图（Plato）在《理想国》中提出正义就是"有自己的东西干自己的事情"。当社会中各个等级的人各司其职，各守其序，各尽其责，各得其所，分工互助，国家就实现了正义。"当生意人、辅助者和护国者这三种人在国家里各做各的事而不相互干扰时，便有了正义，从而也就使国家成为正义的国家了。"[3] 亚里士多德（Aristotle）相信平等就是正义，他将平等解释为"数量相等"和"比值相等"，前者指平均的正义，即"你所得的相同事物在数目和容量上与他人所得者相等"；后者指分配的正义，即"根据个人的真价值，按比例分配与之相衡称的事物"。[4]

阿玛蒂亚·森（Amartya Sen，1973，1992）将政治哲学领域的公平正义运用于经济分析。在他看来，人们对平等的诉求有各种各样的形式，平等是一个可以用多种理论方法解释的概念。"对我们称之为'基本平等'这个问题——在一个特定的社会正义和政治伦理里被认为是基本的、个体特征上的某个方面的平等，每一种理论方法都对其各释其义。"[5] 森主张用"能力分析法"进行个体福利和自由的评估，认为"能力"是一种实质自由，"能力集"可视为个体享受的、追求其自身福利的全面自

---

① 墨翟：《墨子全书》，中国长安出版社 2009 年版，第 73 页。
② 同上书，第 134、187 页。
③ ［古希腊］柏拉图：《理想国》，郭斌和、张竹明译，商务印书馆 1986 年版，第 156 页。
④ ［古希腊］亚里士多德：《政治学》，吴寿彭译，商务印书馆 1965 年版，第 234 页。
⑤ ［印度］阿玛蒂亚·森：《论经济不平等/不平等之再考察》，王利文、于占杰译，社会科学文献出版社 2006 年版，第 340 页。

由。政府应通过教育、医疗、提供更多的经济机会等多种途径，致力于人类能力的扩大和提高，这既可以扩展人类福利，也可提高经济效率；既具有作为目的内在的重要性，也具有促进经济效率提高的工具性价值。

约翰·罗尔斯（John Rawls, 1971）认为，正义即公平。在其经典著作《正义论》中，罗尔斯开篇就强调正义是社会制度的第一美德，并指出他要阐述的正义不同于传统古典功利主义和直觉主义的正义观，而是"公平的正义"（justice as fairness）。他区分了实质性正义和形式的正义，提出正义的两个原则，指出形式的正义并不能保证实质性正义，"法律和制度可能在被平等地实施着的同时还包含非正义。类似情况类似处理并不足以保证实质的正义。"① 罗尔斯更注重实质正义，即结果均等。他提出正义的两个原则是："第一个原则：每个人对与其他人所拥有的最广泛的基本自由体系相容的类似自由体系都应有一种平等的权利。第二个原则：社会的和经济的不平等应这样安排，使他们①被合理地期望适合于每一个人的利益；②依系于地位和职务向所有人开放。"② 第一个原则实际是自由平等原则，罗尔斯认为，每个人都有自由（或不自由地）免除限制而这样做（或不这样做）。各种自由相互依存又相互制约，每个公民都平等地享有各种基本自由。他强调自由优先，自由只能因为自由的缘故而被限制。第二个原则实际上是机会平等原则与差别原则相结合。罗尔斯强调在保证机会均等的前提下，重视结果均等，尽量照顾最少受惠者的最大利益。他将正义的两个原则进一步表述为："所有社会价值——自由和机会、收入和财富、自尊的基础——都要平等地分配，除非对其中的一种价值或所有价值的一种不平等分配合乎每一个人的利益。"③

弗里德里希·哈耶克（Friedrich Hayek, 1960）则认为，结果均等是一个陷阱，会导致政府拥有强权和对个人自由的践踏，就公平而言，人人都享有平等的机会最为重要。他指出，传统的自由运动已经形成这样的共识："人们一般都是以这样的主张来表达其平等要求的，即'任才能驰骋'（la carrier ouverte aux talents）。这一要求包括三个含义：一是阻碍某些人发展的任何人为障碍，都应当被清除；二是个人所拥有的任何特权，

---

① ［美］约翰·罗尔斯：《正义论》，何怀宏、何包钢、廖申白译，中国社会科学出版社1988年版，第54页。

② 同上书，第56页。

③ 同上书，第58页。

都应当被取消；三是国家为改进人们之状况而采取的措施，应当同等地适用于所有的人。……政府的职责并不在于确使每个人都具有相同的获致某一特定地位的前途，而只在于使每个人都能平等地利用那些从本质上来讲须由政府提供的便利条件。"① 在哈耶克看来，均等化的关键是机会均等。

从现实来看，基本公共服务均等化意义上的公平正义重点是机会均等，即通过国家提供基本公共服务，为国民发展创造一个相对公平的竞争环境，而不是实行平均主义。各个地区由于经济社会发展水平不同，居民需求不同，基本公共服务完全或绝对无差异是不可能的，也是不现实的。我国明确指出："基本公共服务均等化，指全体公民都能公平可及地获得大致均等的基本公共服务，其核心是机会均等，而不是简单的平均化和无差异化。"② 基本公共服务的内容是一个动态发展的过程，它的范围在不同国家、不同发展阶段也有不同的界定。现代国家关于基本公共服务的一般立法原则是以机会均等为核心，保障公民生存和发展最基本条件的均等；保护过程公平，提供社会正常运行所需的公共物品，对一切合法经济活动的参与者的财产和其他权利进行有效保护。同时对特别贫困的弱势群体进行适当的救济和帮助，保障他们的基本生活，防止结果过分不均等。

（四）人力资本理论

人力资本是当今时代促进国民经济增长的主要原因，西奥多·舒尔茨（Theodor William Schultz，1981）的人力资本理论认为人口质量是耐用的稀缺资源，教育的普及能提高人口质量，创造巨大的社会经济效应。"人口质量和知识投资在很大程度上决定了人类未来的前景。"③ 人力资本以劳动者的数量和质量来表示，包括了劳动者的知识、技能水平、工作能力以及健康状况等方面的价值。人力资本是通过投资而形成的，像土地、资本等实体性要素一样，在社会生产中具有重要的作用。健康、教育方面的支出不仅仅是消费，而且是人力资本投资，可以在未来转化为巨大的资本存量，是重要的生产要素。通过提供均等化的基本公共服务，可以增加人

---

① ［英］弗里德里希·冯·哈耶克：《自由秩序原理》（上），邓正来译，生活·读书·新知三联书店 1997 年版，第 111 页。

② 中华人民共和国国务院：《国务院关于印发国家基本公共服务体系"十二五"规划的通知》，http：//www.gov.cn/zwgk/2012－07/20/content_2187242.htm，2012 年 7 月 20 日。

③ ［美］西奥多·W. 舒尔茨：《人力投资——人口质量经济学》，贾湛、施炜译，华夏出版社 1990 年版，第 1 页。

力资本积累，提高劳动生产率和资源利用效率。

人力资本投资的范围主要在五个方面，包括卫生保健设施和服务、在职培训、正规的学校教育、成人教育计划、个人和家庭的迁移等。教育投资是人力资本的核心。阿尔弗雷德·马歇尔（Alfred Marshall，1890）指出："一切资本中最有价值的莫过于投在人身上面的资本。"[①] 西奥多·舒尔茨对 1929—1957 年美国教育投资与经济增长的关系作了定量研究，测算出美国各级教育投资的平均收益率为 17%，教育投资增长的收益占劳动收入增长的比重为 70%，教育对国民经济增长的贡献率达到 33%，进一步证明了人力资本是经济增长的源泉。[②] 爱德华·丹尼森（Edward Denison，1962）用不同于舒尔茨的计算方法对美国 1929—1957 年期间经济增长源泉进行了分析，得出了类似的结论。在《美国经济增长之源与我们面临的选择》一书中，丹尼森的研究表明，在 1929—1957 年，美国经济增长中有 1/5 来自教育。由于工人受教育水平的提高，使劳动力的平均质量提高了 0.97 个百分点，对美国国民收入增长率的贡献为 0.67 个百分点，占实际国民收入增长的 23%、人均实际国民收入增长的 42%。[③] 自人力资本理论提出以来，许多经济学家运用各种方法对教育对经济增长的作用进行了实证分析，表明教育对中长期经济增长有重要促进作用。基本公共服务实际上可视为一种国家的人力资本投资行为，其重要意义不言而喻。

二　国有资产管理相关理论

如果跳出现有的财政收支格局，从统筹、整合国家财力的视角来看基本公共服务资金问题，就要回顾和梳理国有资产管理的相关理论。

（一）国有资产理论

经济学经典文献中对国有资产影响比较大的理论有马克思主义的资产相关理论、新制度经济学的产权理论等。

马克思对资产所有权的认识对国有资产管理产生了重要影响。马克思认为资产所有权是一种财产的权利，财产首先表现为主体（在一定经济

---

① ［英］马歇尔：《经济学原理》（下卷），朱志泰译，商务印书馆 1965 年版，第 232 页。

② Schultz T. W., "Education and Economic Growth", *Social Forces Influencing American Education*, Chicago：1961.

③ Denison E. F., *Sources of Economic Growth in the United States and the Alternatives before US*, New York：Committee for Economic Development，1962.

关系中的个体或团体）对客体（外在的客观的生产条件）排他的占有或归属关系。马克思提道："财产最初意味着（在亚细亚的、斯拉夫的、古代的、日耳曼的所有制形式中就是这样），劳动的（进行生产的）主体（或再生产自身的主体）把自己的生产或再生产的条件看作自己的东西。"①"看作自己的东西"，就是指对资产所有的一种排他性归属权利。他还指出："私有财产的真正基础，即占有，是一个事实，是无可解释的事实，而不是权利。只是由于社会赋予实际占有以法律规定，实际占有才具有合法占有的性质，才具有私有财产的性质。"②

马克思承认所有权与支配权、管理权的分离，并没有否定所有权的根本作用，他只是把这种分离视为资本所有权在一定的历史条件下实现其作用的要求，是所有权的历史属性。所有权是确定物的最终归属、表明主体对物独占和垄断的财产权利，实际享有的占有、使用、收益、监管和处分的权利。国有资产的所有权属于国家，政府代表国家支配国有资产。在实际中，国有资产是由政府指定或委托相关机构来管理运营，所有权和管理权实现一定程度的分离。产权清晰不等于私有化，只要权利界定清楚，国有资产和私有财产一样，可以管理好、运营好，其收益通过一定的形式（如注入基本公共服务资金）由全体国民共享。

产权理论是新制度经济学的重要理论。综合学术界关于产权的各种观点，卢现祥、朱巧玲（2012）指出："产权不是指人与物之间的关系，而是指由物的存在及关于它们的使用所引起的人们之间相互认可的行为关系。产权不仅是人们对财产使用的一束权利，而且确定了人们的行为规范，是一些社会制度。"③ 根据排他性程度，产权可分为私有产权（private property rights）、共有产权（communal property rights）和国有产权（state – owned property rights）。国有产权意味着只要国家按可接受的政治程序来决定谁可以使用或不能使用这些权利，它就能排除任何人使用这一权利。国有资产包括国有产权支配的资产和共有产权中的国有部分。

西方学者一般认为，国有产权的效率要低于共有产权和私有产权，计划经济的失败似乎为此提供了证据。但是我们要看到，在现代经济中，这

---

① 马克思、恩格斯：《马克思恩格斯全集》（第四十六卷）（上册），人民出版社 1979 年版，第 496 页。

② 马克思、恩格斯：《马克思恩格斯全集》（第三卷），人民出版社 2002 年版，第 137 页。

③ 卢现祥、朱巧玲：《制度经济学》，北京大学出版社 2012 年版，第 115 页。

三种产权形式有各种不同的组合，形成了复杂的产权体系，很多国有企业或国有控股企业同样产生了高效率。根据科斯定理，如果交易成本等于零，产权的初始配置并不影响效率。一旦考虑到市场交易的费用，不同的产权界定以及经济组织形式的选择将会带来不同的资源配置效率。在国有产权下，权利由国家所选择的代理人来行使。只要产权清晰，对代理人形成足够的监督和激励，国有产权同样可以产生高效率。因此最重要的，不是私有或国有，而是要界定清楚产权归属。

现代企业的产权形式是多元和复杂的。国有企业进行产权改革，并不意味着要私有化，而是要明晰产权，这就要求建立现代企业制度，要求有明确的人或机构负责行使产权，并得到监督和激励。另外，国有产权并不排斥私有产权，两者可以竞争，也可以合作，现代股份制企业往往是产权主体多元化的企业，要求产权能够自由流动。多元化的产权安排对不同主体都形成激励，促进国有产权和私有产权互利共赢。国有产权的收益部分在理论上应由全体国民共享，但直接分配给国民会将收益迅速稀释，无法发挥应有的社会效益。将这些收益按一定比例注入基本公共服务资金是国民分享国有产权收益的一个可取途径。

（二）资产定价理论

资产定价理论是为金融产品定价的方法的理论。确定金融产品在未来不确定条件下的支付价格或价值，才能做出理性的买卖决策。

资产定价理论可以 20 世纪 80 年代作为分水岭。80 年代以前，人们专注于资产定价的纯理论研究，主要是把新古典经济学中的个体最优化选择理论应用到金融领域，通过分析经济个体关于消费投资的最优化行为建立理论性的定价模型。在这一时期，出现了许多资产定价模型。80 年代以后，资产定价理论的研究重点转移到了模型的实证检验方面，主要是利用历史数据对已经成型的理论模型进行检验，然后从实证与理论的差异出发，对理论模型进行修正，最后再检验。在从实践到理论再到实践的循环过程中，资产定价理论在否定之否定的辩证发展中逐步完善。[1]

在投资者完全理性和有效市场假说两大假设前提下，现代金融学发展出了一系列定价模型。资本资产定价模型（CAPM）是其中的代表。这是

---

[1] 郭明伟、夏少刚：《资产定价理论发展动态简评》，《经济学动态》2009 年第 11 期，第 136 页。

一个基于风险资产期望收益均衡基础上的预测模型，用来判断资产理论上的回报率，确定资产价值。该模型考虑了资产对不可分散风险（又称系统性风险或市场风险）的敏感性，通常由 β 表示，认为资产的预期收益率与 β 值之间存在正相关关系。

（三）财政投融资理论

财政投融资是政府为了实现其特定政策目标，在追求社会效益的前提下，以国家信用方式直接、间接投融资，而产生的资金筹集和使用的活动。首先，它是以国家为主体、以信用原则为依托的投资、融资活动，是国家财政的重要组成部分。其次，财政投融资与一般金融活动不同，它是体现政府意图的政策性金融活动，为的是贯彻执行政府经济政策，体现的是财政的职能要求。最后，财政投融资不同于资金财政无偿拨款，它要求形成一定的资产，要收回本金并收取一定的收益。

有一些公共产品和服务介于纯公共产品和私人产品，因为它们的使用和消费局限在一定的地域中，受益的范围有限，具有有限的非竞争性或非排他性，被称为准公共产品。以教育产品为例，随着学生人数的增加，要求学校的师资力量和配套基础设施都要有相应的增加，因此增加边际人数的教育成本并不为零，具有一定程度的消费竞争性，所以教育产品是典型的准公共产品。而政府由于财力不足，无法迅速回应公众多元化需求等问题，无法及时有效地提供公共产品和服务，造成有效供给不足，而财政投融资重点投资对象就是这类准公共产品领域，能够有效解决准公共产品供给不足的问题，产生良好的社会效益。

第二章

中国基本公共服务资金需求测算

本章通过建立计量经济学模型对中国基本公共服务的资金需求进行测算，共分为两节。第一节介绍测算方法（模型）与思路，第二节用两种不同方法预测我国 2015—2020 年的基本公共服务资金需求。第一种方法是参照国际标准，让我国分别按照高收入国家、中等收入国家和世界平均水平基本公共服务支出占 GDP 的比重来测算未来资金需求。第二种方法是根据我国各项基本公共服务财政支出增速测算未来资金需求量。综合考虑基本公共服务各项内容的重要程度和数据可得性，本书选择基本公共教育、社会保障和就业、基本医疗和公共卫生这三项内容代表基本公共服务。

第一节　测算方法（模型）与思路

对未来数据（本章是基本公共服务资金需求）的测算一般使用时间序列预测法，即通过分析时间序列，根据时间序列中的数据所反映出来的发展过程、周期、方向和趋势，进行类推或延伸，借以预测未来可能达到的需求水平。常见的时间序列分析方法主要有：移动平均、指数平滑、回归分析等。

时间序列又称时间数列或动态数列，是指按照时间的先后顺序排列的某一现象的一个真实、有限的数据集合，如产量、收入或 GDP 序列等。时间序列由两部分组成：（1）现象所属的时间；（2）现象在不同时间上的观测值。时间序列分析建立在用来分析这些时间序列的一种有效方法，其目的在于：（1）对时间序列的未来发展情况进行预测；（2）对时间序列的季节性、周期性和趋势性特点进行分析和判定；（3）分析特定的数据集合，通过曲线拟合和参数估计来建立数学模型，进而进行模型结构的分析和实证研究。时间序列分析建立在时间序列的数据包含相对清晰且稳定的相互关系和趋势这一假设之上，换句话说，就是假设过去的需求特点将会延伸至未来，只有满足这一前提条件，才能够采用时间序列法进行预测，否则，预测将是没有意义的。

线性回归指的是一元线性回归，是根据自变量 x 和因变量 y 的相关关系，建立 x 与 y 的线性回归方程进行预测的方法。从本质上来说，一元线性回归尝试用一条直线来贯穿所有的数据点，这条线取决于它的坡度或斜率和数据点在 x 轴上的截距（即自变量）。一元线性回归法的计算公式是：$\overline{Y}_t = a + bx_t$，其中，$\overline{Y}_t$ 为时间 t 的因变量的值，x_t 为时间 t 的因变量的值，a、b 为一元线性回归方程的参数。

ARIMA 模型也称为 Box – Jenkins 模型，是以美国统计学家 Geogre E. P. Box 和英国统计学家 Gwilym M. Jenkins 的名字命名的一种时间序列分析方法，是一种精确度较高的时序短期预测方法，能够在事先对数据模式未知的情况下找到适合数据的模型。该模型的具体形式可表达成 ARIMA (p, d, q)，其中 p 表示自回归过程的阶数，d 表示差分的阶数，q 表示移动平均过程的阶数。

建立模型的步骤是：

第一，模型的选择；

第二，数据和指标的选取；

第三，实证检验。

1. 平稳性检验

只有平稳性序列才有意义，若该时间序列是平稳的，便可直接运用 ARMA 模型或 ARIMA (p, d, q) 模型。若不平稳，则需要通过差分或者取对数的形式使其平稳。平稳序列可表示成：$u_t = \Delta^d y_t = (1 - B)^d y_t$

主要通过图示法、单位根检验等方法进行平稳性检验。

2. 模型识别与定阶

找出适当的 p，d 和 q 值。模型选取采用自相关（ACF）与偏自相关（PACF）函数定阶法，模型的选取形式主要有以下三种：

自回归模型 AR (p)：$y_t = c + a_1 y_{t-1} + a_2 y_{t-2} + \cdots + a_p y_{t-p} + e_t$

移动平均模型 MA (q)：$y_t = e_t + \theta_1 e_{t-1} + \theta_2 e_{t-2} + \cdots + \theta_p e_{t-p}$

自回归移动平均模型 ARMA (p, q)：

$y_t = c + a_1 y_{t-1} + a_2 y_{t-2} + \cdots + a_p y_{t-p} + e_t + \theta_2 e_{t-2} + \cdots + \theta_q e_{t-p}$，其中，扰动项 e_t 为白噪声序列。

3. 模型未知参数的估计

4. 模型的检验

对 ARIMA 模型的有效性进行检验，即进行残差纯随机性 Q 检验。若残差序列不是白噪声序列，则没有通过检验，需要进一步改进模型。

5. 模型的优化

充分考虑各种可能，建立多个拟合模型，依据 AIC 准则和 SC 准则从所有通过检验的模型中选择最优模型。

6. 利用通过检验的模型进行预测

本书对我国 2015—2020 年基本公共服务资金需求的预测就是使用 ARIMA 模型。

第二节 资金需求测算的实证分析

根据上一节提出的模型与思路，本节对 2015—2020 年我国基本公共教育、社会保障和就业、基本医疗和公共卫生的资金需求以及用这三项之和表示的基本公共服务资金总需求进行测算。使用以下两种方法：一是参照基本公共服务的国际标准来预测；二是按我国基本公共服务财政支出的增速预测。

一 参照国际标准测算

这一方法的思路是：首先，根据我国历年 GDP 数据，用 ARIMA 模型预测 2015—2020 年的 GDP。其次，将高收入国家、中等收入国家、世界平均水平各项基本公共服务投入占 GDP 的比重分别确定为高、中、低标准。根据世界银行、国际货币基金组织的相关数据，用 ARIMA 模型分别预测 2015—2020 年基本公共教育、社会保障和就业、基本医疗和公共卫生按照高、中、低三个标准分别应占 GDP 的比重。最后，用中国 GDP 的预测值分别乘以各年份占比的预测值，就可以计算出 2015—2020 年我国基本公共教育、社会保障和就业、基本医疗和公共卫生三项按照高、中、低标准的资金需求量。将各年份资金需求量相加，即可求出基本公共服务资金总需求。

需要说明的是，关于高收入国家、中等收入国家、世界平均水平的划分，基本公共教育、基本医疗和公共卫生这两项依据的是世界银行提供的标准。在世界银行世界发展指标数据库（WDI）中，有明确的高收入国家、中等收入国家和世界平均水平相关数据。社会保障和就业数据来源于国际货币基金组织。由于国际货币基金组织只提供各国数据，没有不同类型国家及世界平均水平的数据，故而本书按照数据高低进行排序，选取相应的国家作为高、中、低标准的代表。

（一）对 GDP 的测算

确定用 ARIMA 模型预测 2013—2020 年的 GDP，模型估计选取了我国 1978—2012 年的 GDP 数据作为研究的对象。[①]

1. 平稳性检验

将我国 1978—2012 年 GDP 数据输入 ARIMA 模型，首先作出 GDP 的时间走势图，如图 2 - 1 所示。根据走势图观察数据是否平稳。其次进行单位根检验，确定其是否平稳。如果数据不平稳，则需对数据进行平稳化处理。

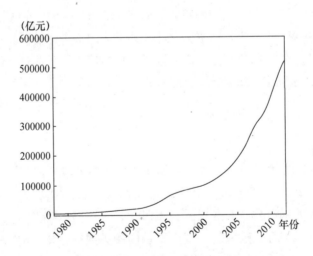

图 2 - 1　我国 GDP 的时间走势

从图 2 - 1 可以看出中国的 GDP 数据是一个非平稳序列。进一步进行

---

① 本书主要预测 2015—2020 年数据，2013 年、2014 年两年数据为附带预测。资料来源：中华人民共和国国家统计局：《中国统计年鉴 2012》，中国统计出版社 2013 年版。

单位根检验严格判断其平稳性，检验结果如表 2 − 1 所示。

表 2 − 1　　　　　　　　　　　　单位根检验

		t − Statistic	Prob. *
Augmented Dickey − Fuller test statistic		3. 374412	1. 0000
Test critical values:	1% level	− 3. 711457	
	5% level	− 2. 981038	
	10% level	− 2. 629906	

由表 2 − 1 单位根检验也可以看出，检验 t 统计量的值为 3. 374412，显著性水平 1%、5%、10% 的临界值分别为 − 3. 711457、− 2. 981038、− 2. 629906，可见 t 统计量的值大于各显著性水平的临界值，故该序列为非平稳序列。通过对原始数据取对数，记为 lngdp，数据仍然存在增长趋势，取对数后的数据再进行一阶差分，记为差分序列 dlngdp。再对该序列进行平稳性检验，结果如表 2 − 2 所示。结果表明 t 统计量的值小于各显著性水平的临界值，该序列是平稳的。

表 2 − 2　　　　　　　　　dlngdp 序列平稳性检验结果

		t − Statistic	Prob. *
Augmented Dickey − Fuller test statistic		− 3. 806733	0. 0072
Test critical values:	1% level	− 3. 670170	
	5% level	− 2. 963972	
	10% level	− 2. 621007	

2. 模型的识别

由平稳性检验可知 lngdp 是一阶单整的，即 $d = 1$，因此建立 ARIMA $(p, 1, q)$ 模型。

3. 模型参数的估计

对差分序列 dlngdp 进行的自相关函数检验结果如表 2 − 3 所示。可见，偏自相关系数在 $k = 1$ 和 $k = 2$ 处不显著为 0，自相关系数在 $k = 1$ 后很快为 0，尝试建立 ARIMA $(1, 1, 1)$ 模型和 ARIMA $(2, 1, 1)$。然后结合可决系数、AIC、SC 值，最终确立模型 ARIMA（1，1，1）更合适。

表 2 – 3   **dlngdp 的自相关函数检验结果**

Autocorrelation	Partial Correlation		AC	PAC	Q – Stat	Prob
. | * * * * |	. | * * * * |	1	0.611	0.611	13.842	0.000
. | *. |	* * | . |	2	0.184	− 0.302	15.131	0.001
. | . |	. | *. |	3	0.031	0.122	15.168	0.002
* * | . |	* * * | . |	4	− 0.237	− 0.470	17.468	0.002
* * * | . |	. | *. |	5	− 0.387	0.081	23.792	0.000
* * | . |	. | . |	6	− 0.251	− 0.018	26.538	0.000
. * | . |	. | . |	7	− 0.119	0.028	27.178	0.000
. | . |	. * | . |	8	− 0.061	− 0.075	27.355	0.001
. | . |	. | . |	9	0.018	− 0.048	27.371	0.001
. * | . |	. * | . |	10	0.032	− 0.088	27.424	0.002
. * | . |	. * | . |	11	− 0.075	− 0.140	27.721	0.004
. * | . |	. | . |	12	− 0.139	− 0.035	28.789	0.004
. * | . |	. * | . |	13	− 0.148	− 0.119	30.068	0.005
. * | . |	. | . |	14	− 0.170	− 0.062	31.827	0.004
. * | . |	. | . |	15	− 0.118	− 0.049	32.723	0.005
. | . |	. | . |	16	0.003	− 0.010	32.723	0.008

对模型 ARIMA（1，1，1）进行参数估计，结果如表 2 – 4 所示。

表 2 – 4   **模型参数**

Variable	Coefficient	Std. Error	t – Statistic	Prob.
C	0.145882	0.018404	7.926641	0.0000
AR（1）	0.300048	0.208408	1.439715	0.1603
MA（1）	0.769218	0.147334	5.220910	0.0000
R – squared	0.553226	Mean dependent var		0.146969
Adjusted R – squared	0.523441	S. D. dependent var		0.060822
S. E. of regression	0.041988	Akaike info criterion		− 3.416375

Variable	Coefficient	Std. Error	t – Statistic	Prob.
Sum squared resid	0. 052889	Schwarz criterion		– 3. 280329
Log likelihood	59. 37019	Hannan – Quinn criter.		– 3. 370600
F – statistic	18. 57400	Durbin – Watson stat		1. 939957
Prob（F – statistic）	0. 000006			
Inverted AR Roots	0. 30			
Inverted MA Roots	– 0. 77			

4. 模型参数的检验

首先，检验 $\{\varepsilon_t\}$ 是否为白噪声序列，检验结果如表 2 – 5 所示。由于 P = 0.6006，所以接受原假设，即期望值为 0。

表 2 – 5 检验均值是否为零

Sample Mean = – 0. 003877

Sample Std. Dev. = 0. 042761

Method	Value	Probability
t – statistic	– 0. 528646	0. 6006

其次，检验纯随机性，结果如表 2 – 6 所示，所有 P 值均大于 0.05，故接受残差为随机序列的原假设。

表 2 – 6 残差纯随机性 Q 检验

Autocorrelation	Partial Correlation		AC	PAC	Q – Stat	Prob.
. | . |	. | . |	1	0. 018	0. 018	0. 0113	
. * | . |	. * | . |	2	– 0. 084	– 0. 085	0. 2764	
. | *. |	. | *. |	3	0. 117	0. 121	0. 8033	0. 370
. * | . |	. * | . |	4	– 0. 077	– 0. 092	1. 0382	0. 595
* * * | . |	* * * | . |	5	– 0. 367	– 0. 352	6. 6042	0. 086
. | . |	. | . |	6	0. 064	0. 061	6. 7780	0. 148
. * | . |	. * | . |	7	– 0. 104	– 0. 164	7. 2607	0. 202
. | . |	. | *. |	8	– 0. 001	0. 100	7. 2607	0. 297

Autocorrelation	Partial Correlation		AC	PAC	Q – Stat	Prob.
. | . |	. * | . |	9	0.010	− 0.100	7.2653	0.402
. | *. |	. | . |	10	0.116	0.044	7.9467	0.439
. * | . |	. * | . |	11	− 0.127	− 0.154	8.7978	0.456
. | . |	. * | . |	12	− 0.010	− 0.081	8.8038	0.551
. | . |	. * | . |	13	− 0.059	− 0.068	9.0037	0.622
. | . |	. | . |	14	− 0.011	− 0.040	9.0116	0.702
. * | . |	. | . |	15	− 0.096	− 0.062	9.6014	0.726
. | *. |	. | . |	16	0.145	0.047	11.025	0.684

最后，进行异方差检验，可见残差序列没有明显的异方差性，为白噪声，模型比较合理。残差线图如图 2 - 2 所示。

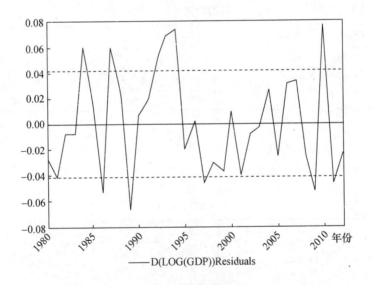

图 2 - 2　残差线

以上过程构建了可预测我国未来 GDP 的 ARIMA 模型。由于各项检验的结果均比较理想，我们可根据此模型进行较为合理的预测。

5. 预测结果

模型预测的输出结果如图 2 - 3 所示。从图中可知，平均绝对百分误差（Mean Abs. Percent Error）为 1.113357，希尔不等系数（Theil Inequality Coefficient）值为 0.007286，说明预测精度极高，偏差率（BP）为 0.132855，方差率（VP）为 0.205539，这两者反映了系统性误差较小，而协变率（CP）为 0.661606，反映非系统性误差较大，说明模型的预测效果较好。

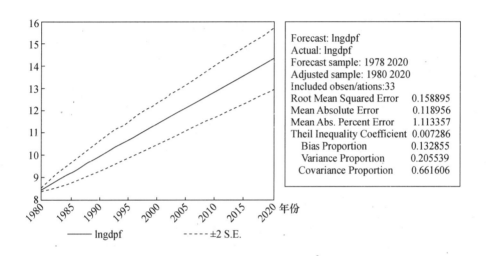

图 2 - 3 ARIMA （1, 1, 1） 模型预测输出结果

综上所述，该模型达到了本书的要求。利用该模型，预测得到 2015—2020 年的 lnGDP。根据对数求出反函数，可计算出 2015—2020 年 GDP 预测值，结果如表 2 - 7 所示。

表 2 - 7　　　　　　中国 2015—2020 年 GDP 预测值　　　　单位：亿元

年份	2015	2016	2017	2018	2019	2020
GDP	769332.3	890163.4	1029972	1191739	1378913	1595485

（二）预测 2015—2020 年各项按低中高标准的占比

1. 基本公共教育

下文将根据世界银行 WDI 数据库的数据预测出 2015—2020 年高收入

国家、中等收入国家和世界平均水平的基本公共教育投入占 GDP 的
比重。①

　　用 ARIMA 模型分别对高收入国家、中等收入国家和世界平均水平进
行预测，具体 ARIMA 模型选择过程如下所述：（1）高收入国家基本公共
教育投入占 GDP 的比重预测：对已知数据做一阶差分，分别建立 ARIMA
（1，1，0），ARIMA（1，1，1），ARIMA（0，1，1）模型。分析三种模型，
最终确定用 ARIMA（1，1，0）预测高收入国家基本公共教育投入占 GDP
的比重。（2）中等收入国家基本公共教育投入占 GDP 的比重预测：建立
ARIMA（1，1，1）模型，预测中等收入国家基本公共教育投入占 GDP 的
比重。（3）世界平均水平基本公共教育投入占 GDP 的比重预测：建立
ARIMA（1，1，1）模型，预测世界平均水平的基本公共教育投入占 GDP
的比重。

　　这三个模型的构建过程和上文预测我国 GDP 的 ARIMA 模型类似，在
此不再赘述过程，模型预测结果如表 2 - 8 所示。

表 2 - 8　　　　　　　　基本公共教育投入占 GDP 的比重预测　　　　　单位：%

年份	2012	2013	2014	2015	2016	2017	2018	2019	2020
高标准占比预测值	5.56	5.59	5.61	5.63	5.66	5.68	5.71	5.73	5.75
中标准占比预测值	4.91	5.00	5.10	5.19	5.28	5.37	5.47	5.56	5.65
低标准占比预测值	4.94	5.01	5.08	5.16	5.23	5.31	5.38	5.46	5.53

　　本书将高收入国家的基本公共教育投入情况作为我国预测基本公共教
育资金需求的高标准，中等收入国家的基本公共教育投入情况作为中标
准，世界平均水平基本公共教育投入情况作为低标准。由以上数据可计算
出 2015—2020 年我国按照这三种标准的基本公共教育资金需求量，计算
方法为：基本公共教育资金需求量 = 基本公共教育投入占 GDP 的比重预
测值（三种标准）×我国 GDP 预测值。计算结果如表 2 - 9 所示。

_____

　　① 根据世界银行的统计标准，这里的教育公共开支指教育方面的公共经常性支出和资本支
出构成，包括政府在教育机构（公立和私立）、教育管理以及私人实体（学生/家庭和其他私人
实体）补贴方面的支出。

表 2 – 9   我国基本公共教育资金需求量预测   单位：亿元

年份	高标准	中标准	低标准
2015	43350.8	39923.8	39690.2
2016	50370.8	47018.4	46585.1
2017	58526.6	55356.6	54666.6
2018	68001.8	65154.3	64137.5
2019	79009.5	76664.1	75235
2020	91797.6	90182.1	88236.2

根据以上分析，2015—2020 年我国基本公共教育资金需求量就预测出来了。按照总体实现基本公共服务均等化的目标，在 2020 年，我国基本公共教育所需资金按照高、中、低三个标准分别为 91797.6 亿元、90182.1 亿元和 88236.2 亿元。

2. 社会保障和就业

国际上社会保障的统计口径差距较大，有的是收支统计，有的只是支出统计，而且统计项目、支出形式也大不一样，以国际劳工组织、经合组织、欧盟和世界银行这四大国际组织为例，统计口径最宽的是世界经合组织，最窄的是世界银行。四大国际组织社会保障统计口径如表 2 – 10 所示。

表 2 – 10   四大国际组织社会保障统计口径

	国际劳工组织（ILO）社会保障费统计	经合组织（OECD）社会支出统计	欧盟（EU）社会保障收支统计	世界银行社会保障收支统计
统计项目	1. 老龄	1. 老龄	1. 医疗保健	1. 残疾
	2. 遗属	2. 遗属	2. 残疾	2. 劳动力市场
	3. 残疾	3. 残疾	3. 老龄	3. 养老金
	4. 劳动灾害	4. 劳动灾害	4. 遗属	4. 社会安全及收入转移
	5. 保健医疗	5. 伤病	5. 家属	5. 社会资金
	6. 家属	6. 保健医疗	6. 育儿	6. 战略与绩效
	7. 失业	7. 家属	7. 失业	
	8. 住宅	8. 积极劳动市场政策	8. 住宅	

续表

	国际劳工组织(ILO) 社会保障费统计	经合组织(OECD) 社会支出统计	欧盟(EU)社会保障 收支统计	世界银行社会 保障收支统计
统计 项目	9. 生活保护及其他	9. 失业	9. 其他	
		10. 住宅		
		11. 其他社会给付		
支出 形式	公共支出	公共支出	公共支出	公共支出
	准公共支出	强制性私人支出	强制性私人支出	
	独立机构支出	私人自愿支出	私人自愿支出	

　　国际劳工组织、经合组织和欧盟都将医疗保健作为一个独立项目纳入统计范围,只有世界银行没有将其列入。因为本书将基本医疗和公共卫生一项单独列出,不包括在社会保障里面,而且从支出形式上看,只有世界银行的是公共支出,其他三个国际组织都包含了独立机构支出、强制性私人支出和私人自愿支出的部分。[①]

　　考虑到指标的科学性、适用性和数据的权威性、可得性,本书以国际货币基金组织 2002 年到 2012 年每年都发布的《政府财政统计年鉴》(*Government Finance Statistics Yearbook*) 中社会福利 (Social Benefits) 支出界定为社会保障与就业支出,鉴于数据的可获得性,选择了 40 个国家 2002 年的社会福利支出占 GDP 的百分比 (少数几个国家 2002 年数据缺失,以 2003 年的数据代替),做了一个排序,占比最高的是德国,为 27.14%,最低的为牙买加,为 0.64%。选择了排名第一的德国 (27.14%) 作为社会保障和就业投入高标准的代表,排名居中的美国 (11.9%) 作为中标准的代表,排名靠后的南非 (3.33%) 为低标准的代表,以它们 2002—2011 年的数据为样本进行预测。

　　高、中、低三个标准国家的社会保障与就业占 GDP 的比重都是用 ARIMA (0, 1, 1) 模型,效果较好,预测结果如表 2-11 所示。

---

① 林治芬:《社会保障统计国际比较与借鉴》,《统计研究》2011 年第 10 期,第 18 页。

表 2 - 11				社会保障与就业支出占 GDP 的比重				单位:%	
年份	2012	2013	2014	2015	2016	2017	2018	2019	2020
高标准占比预测值	24.97	25.09	25.21	25.33	25.45	25.57	25.69	25.8	25.92
中标准占比预测值	15.14	15.14	15.1	15.13	15.13	15.13	15.13	15.12	15.12
低标准占比预测值	4.48	4.55	4.62	4.69	4.76	4.84	4.91	4.98	5.05

由以上数据计算出 2015—2020 年我国按照这三种标准的社会保障与就业资金需求量。计算方法为：社会保障与就业资金需求量＝社会保障与就业支出占 GDP 的比重预测值（三种标准）×我国 GDP 预测值。计算结果如表 2 - 12 所示。

表 2 - 12	我国社会保障与就业资金需求量预测值		单位：亿元
年份	高标准	中标准	低标准
2015	194871.9	116400.0	36081.7
2016	226546.6	134681.7	42371.8
2017	263363.8	155834.8	49850.6
2018	306157.7	180310.1	58514.4
2019	355759.6	208491.6	68669.9
2020	413549.7	241237.3	80572.0

由此，本书预测出了 2015—2020 年我国社会保障与就业资金需求量。按照总体实现基本公共服务均等化的目标，在 2020 年，我国社会保障与就业所需资金按照高、中、低三个标准分别为 413549.7 亿元、241237.3 亿元和 80572.0 亿元。

3. 基本医疗和公共卫生

下文将预测 2015—2020 年高收入国家、中等收入国家和世界平均水平的基本医疗和公共卫生支出占 GDP 的比重。由世界银行 WDI 数据库中医疗卫生总支出（占 GDP 的百分比）和公共医疗卫生支出（占医疗总支出的百分比）这两项的数据计算出公共医疗支出占 GDP 的百分比。①

高收入国家基本医疗和公共卫生支出占 GDP 的比重预测：对已知值做一阶差分，检验多个模型，确定用预测效果较好的 ARIMA（1，1，2）进行预测。中等收入国家基本医疗和公共卫生支出占 GDP 的比重预测用 ARIMA（1，1，1）进行预测。世界平均水平的基本医疗和公共卫生支出占 GDP 的比重用 ARIMA（1，2，1）进行预测。结果如表 2 - 13 所示。

表 2 - 13　　　　　基本医疗和公共卫生支出占 GDP 的比重　　　　单位：%

年份	2012	2013	2014	2015	2016	2017	2018	2019	2020
高标准占比预测值	7.62	7.74	7.87	7.99	8.12	8.24	8.37	8.49	8.61
中标准占比预测值	6.3	6.36	6.42	6.49	6.56	6.62	6.69	6.76	6.82
低标准占比预测值	3.1	3.17	3.24	3.31	3.38	3.45	3.52	3.59	3.66

由以上数据计算出 2015—2020 年我国按照这三种标准的基本医疗和公共卫生资金需求量。计算方法为：基本医疗和公共卫生资金需求量 = 基本医疗和公共卫生支出占 GDP 的比重预测值（三种标准）× 我国 GDP 预测值，计算结果如表 2 - 14 所示。

表 2 - 14　　　　　基本医疗和公共卫生资金需求量预测　　　　单位：亿元

年份	高标准	中标准	低标准
2015	61486.6	49941.2	25464.7
2016	72252.4	58388.2	30088
2017	84883.2	68217.8	35535.4
2018	99699.4	79705.3	41951.7
2019	117076	93151.4	49506.9
2020	137451	108846	58400.6

---

① 根据世界银行的统计标准，这里的公共医疗卫生支出指由政府（中央和地方）预算中的经常性支出和资本支出、外部借款和赠款（包括国际机构和非政府组织的捐赠）以及社会（或强制）医疗保险基金构成。医疗卫生总支出为公共医疗卫生支出与私营医疗卫生支出之和。涵盖医疗卫生服务（预防和治疗）、计划生育、营养项目、紧急医疗救助，但是不包括饮用水和卫生设施提供。

由此，本书预测出了2015—2020年我国基本医疗和公共卫生资金需求量。按照总体实现基本公共服务均等化的目标，在2020年，我国社会保障与就业所需资金按照高、中、低三个标准分别为137451亿元、108846亿元和58400.6亿元。

将以上的基本公共教育、社会保障与就业、基本医疗和公共卫生的资金需求量预测值加总起来，得到2015—2020年高、中、低三种标准下我国基本公共服务资金需求量的预测值，如表2-15所示。

表2-15　　　　　　我国基本公共服务资金需求量的预测值　　　　　单位：亿元

年份	高标准	中标准	低标准
2015	299709.2	206264.9	101236.6
2016	349169.8	240088.3	119044.8
2017	406773.7	279409.2	140052.6
2018	473858.9	325169.7	164603.6
2019	551844.7	378307.1	193411.8
2020	642798.1	440265.5	227208.8

至此，参照国际标准的第一种方法预测完毕。从预测结果可知，如果选取不同国际标准，基本公共服务资金需求量会有很大差异。这也反映出各国基本公共服务资金需求水平与本国经济发展程度密切相关。

二　按我国各项基本公共服务财政支出增速测算

上述第一种方法涉及1组GDP数据、3组GDP占比数据和高、中、低3组GDP占比标准，总共要构建10次ARIMA模型，数据庞大，预测过程较为烦琐。而下面的第二种方法，按我国各项基本公共服务财政支出增速测算就相对简单得多，只需根据已有年份数据，直接进行线性回归预测即可。

近年来，我国加快了财税体制改革步伐。从2007年起，我国的财政支出采用新的分类指标，财政收支科目实施了较大改革，特别是财政支出项目口径变化很大，与往年数据不可比。因此本书选择把2007年基本公共服务财政支出确定为测算起点，样本为2007—2012年的数据，如表2-16所示。

表 2 – 16 我国基本公共服务支出 单位：亿元

年份	财政教育支出	财政社会保障和就业支出	财政医疗卫生支出
2007	7122.32	5447.16	1989.96
2008	9010.21	6804.29	2757.04
2009	10437.54	7606.68	3994.19
2010	12550.02	9130.62	4804.18
2011	16497.33	11109.40	6429.51
2012	21242.10	12585.52	7245.11

资料来源：2008—2013 年《中国统计年鉴》。

　　线性回归模型的构建过程较为简单，在此将模型构建的过程省略，直接给出计算结果：用线性回归预测各项基本公共服务财政支出的增长速度，得出 2015—2020 年我国基本公共服务各分项资金需求量，通过对分项进行加总，得到资金总需求量。结果如表 2 – 17 所示。

表 2 – 17 2015—2020 年我国基本公共服务资金需求量 单位：亿元

年份	基本公共教育	社会保障与就业	基本医疗与公共卫生	总需求
2015	27765.64	16658.35	10524.30	54948.29
2016	30484.86	18090.67	11612.96	60188.49
2017	33204.08	19522.98	12701.63	65428.69
2018	35923.30	20955.30	13790.29	70668.89
2019	38642.52	22387.62	14878.95	75909.09
2020	41361.74	23819.93	15967.61	81149.28

　　对比两种不同的方法，我们可以发现预测结果差异较大。如果参照国际标准，仅以低标准（世界平均水平）来预测，我国基本公共服务资金需求在 2020 年将达到 227208.8 亿元；而按照我国财政支出增速预测，2020 年的这一需求仅为 81149.28 亿元，两者的差距高达 146059.52 亿元，即前者是后者的 2.8 倍。资金总需求及各分项资金需求的差距如图 2 – 4 所示。

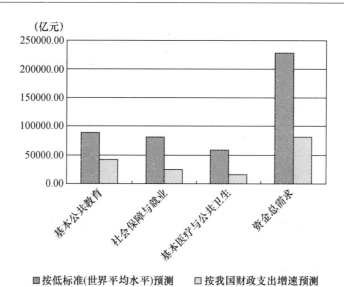

（亿元）

■按低标准(世界平均水平)预测　□按我国财政支出增速预测

图 2 - 4　按不同标准预测的我国 2020 年基本公共服务资金需求

从理论上来讲，我国目前已步入中等收入国家行列，但是对基本公共服务的资金支出不仅没有达到中等国家水平（即中标准），而且距世界平均水平还相去甚远。造成这一现象的主要原因是我国基本公共服务财政支出总量少、起点低。虽然近年来增速较快，但由于历史欠账多，基数较小，所以与世界水平相比差距还较大。基本公共服务标准要根据经济发展水平的提高而不断提高，而我国目前达不到世界平均水平，如果按照现在的财政支出增长趋势，到 2020 年也达不到世界平均水平。本书的这一研究结论解释了为何近年来国家不断加大基本公共服务财政资金投入，而居民诉求依然强烈，反映没有享受到充足的基本公共服务。

第三章

中国基本公共服务资金供给现状与预测

在上一章预测我国基本公共服务资金需求的基础上，本章研究我国基本公共服务资金供给现状，预测未来的供给量和供需缺口。首先对资金供给规模的绩效进行实证考察，其次分析资金供给存在的问题及影响因素，最后分别基于 GDP 和基本公共服务支出的关系、财政总支出和基本公共服务支出的关系预测 2015—2020 年基本公共服务的资金供给量。并结合上章的资金需求量预测，计算出不同时期高标准、中标准和低标准下的资金供需缺口。

第一节 资金供给规模的绩效实证分析

基本公共服务资金供给绩效是本书研究的重点，主要目的是分析我国的基本公共服务资金供给是否能满足公共需求，以及哪些因素会影响政府提供基本公共服务的规模。

一 理论模型

对这一问题的分析思路是：

首先设定三个变量，第一个是基本公共服务的现实供给量 BPS_S，第二个是民众对基本公共服务的需求量 BPS_D，第三个是在既定的经济发展水平和财政收入水平下，政府合理的基本公共服务供给量 $BPS*_S$。

当基本公共服务的供需状态为：$BPS_S = BPS*_S < BPS_D$ 时，基本公共服务的供给规模是有效的。因为虽然基本公共服务的供给小于需求，但此时政府提供的是在既定的经济发展水平和财政收入水平下，应该提供的合理基本公共服务规模。因此这种基本公共服务供给短缺是客观原因，即经

济发展的特定阶段造成的，而不是政府的绩效问题。而当基本公共服务的提供状态为 $BPS_S < BPS_D$ 且 $BPS_S < BPS*_S$ 时，此时基本公共服务的供给规模是失效的，因为此时基本公共服务已经处于供不应求的状态，政府却没有提供能力范围内可以提供的基本公共服务量。基本公共服务供给量未达到合理的水平，这其中必然存在供给绩效的问题。理论上，在 $BPS_S < BPS_D$ 的条件下，BPS_S 与 $BPS*_S$ 之间的差距越大，可以说明政府失责的程度越高。

本书设立一个基本公共服务供给规模绩效评价指标 ρ，公式为：

$$\rho = BPS_S / BPS*_S \tag{3-1}$$

ρ 越大则表明政府的基本公共服务供给规模绩效越高；反之，则说明绩效越低。该指标可以较有效区分基本公共服务供给规模是不足还是无效。只要是政府在自身经济发展水平和财力条件允许的前提下提供最多的基本公共服务量，虽然并未满足所有人的需求，但政府已经尽到最大责任，基本公共服务供给规模是有效的。

二　实证分析

下面将对我国的基本公共服务供给规模绩效进行实证分析。本书选择了 2010 年的 20 个发达国家和 30 个发展中国家数据，较全面地涵盖了各个发展水平的国家样本，如表 3-1 所示。在变量方面，我们以人均社会福利支出（BPSP）表示该国的基本公共服务提供水平，[①] 以人均国民收入（GNIP）表示国家经济发展水平，[②] 以人均财政收入（REVP）表示政

---

① 资料来源：根据 IMF 政府财政统计年鉴（2011 年）中的"社会福利支出占 GDP 的比重"与世界银行 WDI 数据库的指标"人均 GDP（现价美元）"计算所得。

② 资料来源：世界银行 WDI 数据库的指标"按图表集法衡量的人均国民总收入（GNI）（现价美元）"。人均国民总收入（GNI）（以前称为人均 GNP）是国民总收入用世界银行图表集法换算为美元除以年中人口数。国民总收入（GNI）是指所有居民生产者创造的增加值的总和，加上未统计在估计产值中的任何产品税（减去补贴），再加上境外原始收入的净收益（雇员薪酬和财产收入）。国民总收入（GNI）以本国货币计算，为便于经济体之间的比较分析，通常会按照官方汇率转换为美元。但如有理由认定官方汇率大幅偏离了国际交易中实际应用的汇率，则可采用替代汇率。为熨平价格和汇率波动，世界银行采用了一种特殊的换算方法——图表集法。这种方法采用一种转换系数求出给定年及此前两年汇率的平均值，根据 G-5 国家（法国、德国、日本、英国和美国）之间在 2000 年期间的通胀率差异进行调整。自 2001 年起，涉及面扩展到欧元区、日本、英国和美国。

府财政能力。①

表 3 - 1　　　　　　　　　　50 个国家人均支出、

人均国民收入及人均财政收入情况　　　单位：现价美元

国家	人均社会福利	人均国民收入	人均财政收入	国家	人均社会福利	人均国民收入	人均财政收入
卢森堡	20738.50	71690	4036233.96	克罗地亚	2292.16	13550	453438.46
挪威	13750.42	86850	4116882.67	波兰	2097.50	12400	368471.59
奥地利	11346.28	47060	1632280.77	爱沙尼亚	2075.55	14180	487510.16
比利时	10800.25	45840	1743926.88	俄罗斯	1502.54	10000	279027.31
荷兰	10687.73	48530	1924523.16	韩国	1365.92	19720	465292.70
丹麦	10438.59	59590	2228402.98	土耳其	1163.55	9980	233763.37
德国	10268.97	43300	1144963.24	罗马尼亚	1023.22	8010	233964.00
法国	10062.97	42280	1681036.33	保加利亚	969.84	6320	186825.11
日本	9455.73	42190	483790.03	巴西	895.81	9520	287453.79
瑞典	9358.63	50860	1623872.04	智利	613.95	10720	272794.94
芬兰	9146.34	47140	1617630.36	乌克兰	564.16	2990	102104.86
爱尔兰	8354.62	42810	1502105.32	毛里求斯	427.15	7780	172690.50
美国	7519.62	48960	782688.57	塞舌尔	355.49	10270	379634.58
意大利	7464.47	35520	1279207.33	哥伦比亚	324.42	5460	93139.49
英国	5534.87	38690	1310521.11	突尼斯	316.77	4150	121203.13
澳大利亚	5516.14	46310	1214051.60	南非	294.28	6100	209241.65
西班牙	5476.87	31420	760345.78	蒙古	221.25	1900	76929.88
希腊	5369.15	26410	1012439.17	亚美尼亚	220.92	3330	70770.05
葡萄牙	4693.33	21870	777182.90	哥斯达黎加	198.22	6910	184415.44
加拿大	3738.51	43250	800147.37	秘鲁	116.34	4720	100716.21
新西兰	3594.45	28760	1081063.81	埃及	107.38	2550	69482.26
捷克	3352.64	18370	539872.92	摩洛哥	106.98	2880	89869.16

---

　　① 资料来源：根据世界银行 WDI 数据库的指标"收入，不包括捐赠（占 GDP 的比例）"和"人均 GDP（现价美元）"计算所得。这里的财政收入是指来自税收、社会贡献和其他收入（例如，罚款、收费、租赁、源自财产或销售的收入）的现金。捐赠也被视作收入，但此处并不包括。

续表

国家	人均社会福利	人均国民收入	人均财政收入	国家	人均社会福利	人均国民收入	人均财政收入
以色列	2978.13	26260	993431.47	巴拉圭	97.36	2820	51212.65
马耳他	2700.38	18620	733968.48	泰国	59.07	4320	97592.17
匈牙利	2354.98	12930	507717.74	洪都拉斯	2.89	1900	42423.95

资料来源：根据世界银行 WDI 数据库和 IMF 政府财政统计年鉴（2011 年）数据整理所得。

从表 3-1 可以看出，在 50 个国家中，人均社会福利支出最少的是洪都拉斯，仅 2.89 美元。最多的是卢森堡，为 20738.50 美元。人均国民收入和人均财政收入最低的国家也是洪都拉斯，分别仅 1900 美元和 42423.95 美元。最多的是挪威，分别为 86850 美元和 4116882.67 美元。卢森堡的这两项指标排名第二（71690 美元和 4036233.96 美元）。

这些国家的数据表明，基本公共服务支出水平与人均国民收入、人均财政收入存在相关性。而且样本数据在这三个方面具有足够的多样性和差别，因而能够相对准确地保证通过建立计量经济学模型来得出基本公共服务规模绩效规律的可靠性。我们可以用二元线性回归模型来定量分析基本公共服务支出与人均国民收入、人均财政收入的关系。

由 Eviews 做 LS 线性回归分析将模型设立为：

$$BPSP = \alpha + \beta_1 GNIP + \beta_2 REVP + \mu_i \qquad (3-2)$$

模型的回归结果如表 3-2 所示。模型的可决系数为 0.895341，说明所建模型整体上对样本数据拟合度较好，即解释变量 GNIP 和 REVP 对被解释变量 BPSP 的绝大部分差异做出了解释。F 统计量的收尾概率为 0.000000，小于 0.05 的显著性水平，通过 F 检验，表明回归方程是显著的。解释变量 GNIP 和 REVP 的回归系数 t 的收尾概率为 0.0000 和 0.0035，都小于 0.05 的显著性水平，通过 t 检验，表明人均国民收入和人均财政收入对基本公共服务提供水平有显著性影响。

表 3-2 模型参数

Variable	Coefficient	Std. Error	t - Statistic	Prob.
C	-527.9244	346.3450	-1.524273	0.1341

Variable	Coefficient	Std. Error	t - Statistic	Prob.
GNIP	0. 133092	0. 026788	4. 968336	0. 0000
REVP	0. 001912	0. 000623	3. 070352	0. 0035
R - squared	0. 895341	Mean dependent var		4242. 305
Adjusted R - squared	0. 890887	S. D. dependent var		4657. 174
S. E. of regression	1538. 368	Akaike info criterion		17. 57296
Sum squared resid	1. 11E + 08	Schwarz criterion		17. 68768
Log likelihood	- 436. 3239	Hannan - Quinn criter.		17. 61664
F - statistic	201. 0384	Durbin - Watson stat		2. 050240
Prob（F - statistic）	0. 000000			

根据表 3 - 2 显示的回归数据，模型估计的结果为：

$$BPSP = -527.9244 + 0.133092GNIP + 0.001912REVP \qquad (3-3)$$

上述结果表明一个国家的基本公共服务供给水平受经济发展水平和政府财政能力的影响较大，由于经济发展水平和财政能力的回归系数为正，表明基本公共服务供给规模会随着国家经济实力和财政能力的不断提升而增加，这与之前的预期是一致的。具体来看，一个国家的人均国民收入每增加 1 美元，则其人均基本公共服务供给会相应增加 0.133092 美元；而若其人均财政收入每增加 1 美元，则其人均基本公共服务供给会相应增加 0.001912 美元。根据这一模型，可估算出中国人均基本公共服务供给的合理量，通过对比人均基本公共服务支出理论值和现实值的差距，来判断供给绩效。

将中国数据代入式（3 - 3）表示的回归方程，可以相应计算出各年度中国政府在客观经济条件下，应当提供的基本公共服务供给量。相关数据和计算结果如表 3 - 3 所示。

表 3 - 3　中国 1995—2012 年人均基本公共服务支出理论值和现实值

年份	人均国民收入	人均财政收入	人均基本公共服务支出理论值	人均基本公共服务支出现实值
1995	4964. 12	515. 37	133. 75	130. 66
1996	5760. 96	605. 28	239. 97	154. 17

续表

年份	人均国民收入	人均财政收入	人均基本公共服务支出理论值	人均基本公共服务支出现实值
1997	6346.02	699.78	318.02	180.55
1998	6685.06	791.59	363.32	220.42
1999	7039.73	909.81	410.75	286.64
2000	7761.52	1056.88	507.09	335.68
2001	8496.92	1283.90	605.40	419.07
2002	9301.44	1471.64	712.84	515.00
2003	10491.62	1680.40	871.64	554.17
2004	12302.81	2030.69	1113.36	635.42
2005	14084.08	2420.48	1351.18	749.72
2006	16468.42	2948.71	1669.53	896.76
2007	20215.90	3884.22	2170.08	1101.91
2008	23857.56	4618.18	2656.16	1398.44
2009	25563.75	5134.38	2884.22	1651.44
2010	29883.97	6197.40	3461.24	1975.14
2011	34859.76	7709.54	4126.37	2526.16
2012	38251.58	8659.53	4579.61	3033.35

资料来源：根据世界银行 WDI 数据库、中国国家统计局网站数据整理所得。

　　从表 3 - 3 中可直观地发现，我国人均基本公共服务支出现实值明显低于理论值。为方便进一步比较，本书将数值统一为百分比。基本公共服务供给水平用基本公共服务占 GDP 的比重表示，基本公共服务规模绩效用基本公共服务供给水平现实值占理论值的比重表示。结果如表 3 - 4 所示。

表 3 - 4　　　　　中国1995—2012年基本公共服务规模绩效

年份	基本公共服务供给水平理论值	基本公共服务供给水平现实值	基本公共服务供给水平差值	基本公共服务规模绩效
1995	2.65%	2.59%	-0.06%	97.69%
1996	4.10%	2.64%	-1.47%	64.25%

年份	基本公共服务供给水平理论值	基本公共服务供给水平现实值	基本公共服务供给水平差值	基本公共服务规模绩效
1997	4.95%	2.81%	-2.14%	56.77%
1998	5.35%	3.24%	-2.10%	60.67%
1999	5.74%	4.00%	-1.73%	69.78%
2000	6.45%	4.27%	-2.18%	66.20%
2001	7.02%	4.86%	-2.16%	69.22%
2002	7.58%	5.48%	-2.11%	72.25%
2003	8.27%	5.26%	-3.01%	63.58%
2004	9.03%	5.15%	-3.87%	57.07%
2005	9.53%	5.29%	-4.24%	55.49%
2006	10.12%	5.44%	-4.68%	53.71%
2007	10.76%	5.46%	-5.30%	50.78%
2008	11.20%	5.90%	-5.31%	52.65%
2009	11.26%	6.45%	-4.81%	57.26%
2010	11.53%	6.58%	-4.95%	57.06%
2011	11.72%	7.18%	-4.55%	61.22%
2012	11.91%	7.89%	-4.02%	66.24%

　　基本公共服务规模绩效的数值越大表明我国基本公共服务规模绩效越高。由表3-3和表3-4可知，虽然我国人均基本公共服务支出现实值在不断提高，但规模绩效水平却未同步提高。现实值与理论值之差均为负数，表明实际上提供的基本公共服务规模少于所应当提供的规模。1995年的规模绩效水平较高（97.69%），1996年下降到64.25%，到2002年略提高到72.25%，之后一直在50%—60%，直至2008年出现好转的趋势，规模绩效水平开始上升，2012年上升至66.24%。2012年我国基本公共服务供给水平的现实值与理论值之差减少到了-4.02%，这说明随着人们生活水平的提高，对基本公共服务的要求也越来越高，虽然中国政府一直增加投入，但与人们增长的需求相比还是不够。但是近几年来政府愈加重视民生，对基本公共服务的投入大幅增大，绩效水平有向好的趋势。图3-1可直观地表现出中国1995—2012年基本公共服务供给规模及绩效。

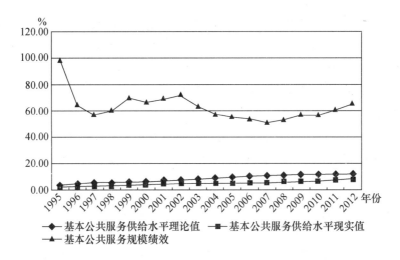

图 3 - 1 中国 1995—2012 年基本公共服务供给规模及绩效

从图 3 - 1 中可以看出，随着我国经济发展水平和财政收入的不断提高，基本公共服务的供给规模是逐步上升的。但其绩效水平却波动较大，没有随着提供能力的提高而相应提高，直至 2008 年才开始有明显提高。

从 2000 年开始，我国实际提供的基本公共服务规模开始显著增加，但其与所应提供的规模相比差距却不断拉大，直到近几年这种趋势才得到扭转。这种现象表明，尽管我国政府加大了对基本公共服务的投入，但与其自身能力的增长相比，做得还远远不够，政府提供基本公共服务的潜在能力很强，我国基本公共服务的供给规模还需要以更大的幅度提高。

第二节 资金供给存在的问题及影响因素

上一节的研究表明，我国基本公共服务供给规模的绩效存在一定的波动性，从 1996 年以后就没有再超过 80%，政府供给能力没有充分挖掘。这背后的原因是财政资金供给存在一定的不合理之处。本节对我国基本公共服务资金供给存在的问题及影响因素进行分析。

一 资金供给现状和问题

近年来，随着我国经济的持续增长，财政收入快速增加，以及国家对改善民生的重视，我国财政对基本公共服务的资金供给的绝对数额明显增加。本书选取了基本公共教育、社会保障与就业、基本医疗和公共卫生三项作为基本公共服务的代表，可以看到，最近6年国家财政对这三项的支出总额是：2007年14559.4亿元，2008年18571.5亿元，2009年22038.4亿元，2010年26484.8亿元，2011年34036.24亿元，2012年41072.73亿元，绝对数额增长很快。但是，如图3-2所示，从财政支出结构中基本公共服务支出的相对数量和相对变化来看，财政资金供给增长得并不多，比重均在29%左右，甚至在2009年出现下降。基本公共服务支出占GDP的比重也很低，与大部分发达国家的差距仍然很大。

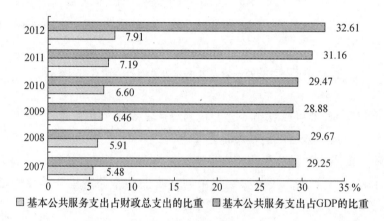

图3-2 2007—2012年我国基本公共服务财政性支出占财政总支出及GDP的比重

资料来源：根据2008—2013年《中国统计年鉴》数据整理计算。

从具体项目来看，近几年财政对基本公共服务的投入均有所增加。以新农村合作医疗为例，2003年，中央财政对中西部地区除市区以外的参加新型合作医疗的农民每年按人均10元安排合作医疗补助资金，地方财政对参加新型合作医疗的农民补助每年不低于人均10元。以后逐年有增加，2005年国家补助40元，2007年80元，2011年补助标准由2010年每人每年120元提高到200元。2012年起，提高到每人每年240元。2012年7月出台的《国家基本公共服务体系"十二五"规划》中规定，各级财政的补助标准提高到年人均不低于360元。

经过2009年下半年在部分农村试点和2011年在部分城镇试点后，2012年，新型农村社会养老保险和城镇居民社会养老保险工作在全国所有县级行政区全面开展。从 2009 年下半年至 2012 年 9 月底，各级财政共拨付两项养老保险补助资金超过 1700 亿元。目前全国有 1.24 亿城乡居民领取基础养老金。

但是，有一些标准却多年未变，如城镇和农村的基础养老金标准是不低于每人每月 55 元，这相对于现在上涨较快的物价、越来越重的生活负担来说显得太少了。对此，一些地方政府根据当地情况，在 55 元的基础上增加了基础养老金额，像北京、江苏、浙江，以及我国中部和西部的一些地方，增加 5 元、10 元、15 元，甚至是几十元、几百元。如青岛市将基础养老金在 55 元的基础上增加到 110 元。[①] 据民政部统计，截至 2013 年年底，我国 60 岁及以上老年人口 20243 万人，占总人口的 14.9%。[②] 人口老龄化的加剧，使养老金缺口不断扩大，对财政投入提出了更高的要求。现阶段人们对基本公共服务的需求不断增长，对服务的质量要求也更高了，而政府的财政资金供给存在以下一些问题，不能有效满足需求。

一是财政资金投入不均等。以各级教育生均公共财政预算教育事业费为例，财政资金配置区域不均等的现象较为严重。2012 年，全国普通小学生均公共财政预算教育事业费为 6128.99 元。其中最高的是北京市（20407.62 元），最低的是河南省（3458.02 元），前者是后者的 5.90 倍。全国普通初中生均公共财政预算教育事业费为 8137.00 元。其中最高的还是北京市（28822.01 元），最低的是贵州省（5403.22 元），前者是后者的 5.33 倍。全国普通高中生均公共财政预算教育事业费为 7775.94 元。其中最高的依然为北京市（31883.79 元），最低的是湖北省（5275.12 元），前者是后者的 6.04 倍。[③] 这种情况反映出我国当前基本公共教育的严重不均等。

二是资金利用效率低。一些基本公共服务项目没有认真规划，实施过程又缺乏监督。如在农村修建桥梁、公路等基础设施，投入的资金可能被

---

① 人社部：《我国将逐步提高养老保障水平增加基础养老》，中国广播网（http://china.cnr.cn/NewsFeeds/201209/t20120909_510869229.shtml），2012 年 9 月 9 日。

② 资料来源于中华人民共和国民政部《民政部发布 2013 年社会服务发展统计公报》，民政部门户网站（http://www.mca.gov.cn/article/zwgk/mzyw/201406/20140600654488.shtml），2014 年 6 月 17 日。

③ 资料来源于中华人民共和国教育部、国家统计局、财政部《2012 年全国教育经费执行情况统计表》（教财〔2013〕7 号），2013 年 12 月 18 日。

截留、占用、挪用在其他领域，建造时偷工减料，质量达不到要求，造成了资金的严重浪费，甚至对人们的生命财产安全造成严重损害。另外，一些资金使用方向较为分散，投入渠道多，难以形成合力，也造成资金使用效率低。这些资金使用时都占用着宝贵的经费，却没实现预期效果，加剧了资金供需矛盾。

二 资金供给问题的影响因素

造成这些问题的原因是多方面的。在执政理念上，重经济增长、轻公共服务的政绩导向还未完全改变。实际政务中，财力与事权不匹配造成地方政府加大基本公共服务投入动力不足。另外，我国财政转移支付制度设计还不完善，使得财政资金供给效率低下。

（一）重经济增长、轻公共服务的政绩考核导向

政绩考核体系是约束和激励政府行为的重要因素。现阶段各级政府仍将追求经济增长作为政府的最大政绩，招商引资、经济建设是各级政府工作任务的重中之重。因此在经济建设方面各级政府不惜投资巨大，在有限的资金约束下，必然厚此薄彼，在基本公共服务领域的投入偏少，对关键的民生性服务的资金供给不足。

提供基本公共服务是政府的基本职能之一，特别是当经济发展到一定程度，市场体系逐渐成熟以后，政府应在经济活动领域逐步淡出，让市场在资源配置中起决定性作用，政府把更多的精力放在公共服务和社会管理方面。改革以经济增长指标为核心的政绩考核体系势在必行，科学发展观明确指出了改革方向。党的十八届三中全会明确指出："完善发展成果考核评价体系，纠正单纯以经济增长速度评定政绩的偏向，加大资源消耗、环境损害、生态效益、产能过剩、科技创新、安全生产、新增债务等指标的权重，更加重视劳动就业、居民收入、社会保障、人民健康状况。"[1]决策层已多次提出改革现行政绩考核体系，未来政绩考核要在科学发展观和十八届三中全会精神的指导下，坚持以人为本，多考察政府提供基本公共服务的水平，多反映民生、民意和民主。

（二）地方政府的财力与事权不匹配

西方经典分权理论认为：由于宏观经济稳定和收入再分配职能主要归

---

[1] 本书编写组：《中共中央关于全面深化改革若干重大问题的决定辅导读本》，人民出版社2013年版，第17页。

中央，分权主要是针对资源配置而言，即如何就地方性公共品的供给及其相应的财政来源在中央和地方之间进行分工；分权决策所要考虑的主要因素是居民偏好的区域差异、规模经济和外部性、信息优势、辖区间竞争与分工、政治因素、地理和人口因素等，各国应在综合考虑这些因素的情况下进行最优分权度的决策。①

自 1994 年分税制改革以来，中央收入的比重在不断提升，财政收入倾向集权。而财政支出有明显的分权趋势，地方的财政支出比重增加。从图 3-3 中可以看出，除个别年份之外，地方财政支出比重明显上升，远远高于地方财政收入占总财政收入的比重。以 2012 年为例，我国地方财政收入占总财政收入比重为 52.09%，而地方财政支出占总财政支出的比重为 85.1%。

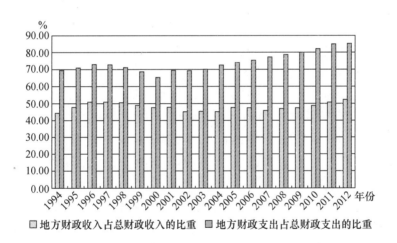

图 3-3　1994—2012 年中国地方财政收支占总财政收支的比重

资料来源：根据《中国统计年鉴 2013》的相关数据整理计算。

可见，我国地方政府财力与事权不匹配的现象十分明显。在财权划分上，中央政府将财权层层上收，事权层层下放，导致地方政府财政相当困难。在税种划分上，主要大宗税种、收入稳定的税种全部划归中央财政，而地方缺乏稳定有效的主体税种，征收的税种收入零散、不稳定、征收成

---

① 杨之刚等：《财政分权理论与基层公共财政改革》，经济科学出版社 2006 年版，第35—36 页。

本较高，县乡财政基本无税可收，也没有独立的主体税种，收入主要依赖共享税。在事权划分上，省市县乡各级政府间公共服务责任划分不清，存在相互交叉和重叠现象。区域性公共物品由地方相应级次的政府提供，县乡两级政府要提供义务教育、基础设施、环境保护等多种地方公共服务，所要履行的事权多，资金需求刚性且增长快。比如义务教育主要发生在县、乡两级财政，所需资金随着人口规模的扩大而增加。

从基本公共服务的支出责任来看，2012 年，我国的教育、社会保障与就业、医疗卫生的支出由地方政府承担的比例分别高达 94.81%、95.34% 和 98.97%。而地方政府的财政收入占总财政收入的比重仅为 52.09%。① 财力和事权的不匹配造成地方政府严重依赖"土地财政"，以土地出让金收入弥补财政收入不足。基层政府又在很大程度上依赖上级政府的转移支付。这导致地方政府在提供基本公共服务时感觉捉襟见肘。

（三）转移支付调整缺乏力度

按照转移支付的类型划分，我国的转移支付主要包括财力性转移支付（含一般性转移支付）、专项转移支付、税收返还以及体制补助等几种方式。我国目前尚无专门的转移支付法，财政转移支付制度不完善，转移支付资金分配及管理办法不规范，拨款金额的确定往往缺乏科学论证，经常通过长官意志、地方政府到相关国家部委游说或地方配套资金的高低来确定，具有很强的随意性和盲目性，结果反而加剧了经济落后地区与经济发达地区的财力差距。

转移支付是保障落后地区提供基本公共服务资金的重要手段。转移支付资金在分配上应当向财力较低的地区进行倾斜，使得财力较弱的地区能够得到较多的转移支付资金，以缩小各地区财力差距。而贾晓俊、岳希明（2012）的一项研究表明，仅就得到转移支付资金的省份而言，人均转移支付资金与财力水平之间呈现出明显的正相关，财力越强的省份，得到转移支付资金人均值也越多。这一资金分配结果主要源于以财政供养人口为主的资金分配方式。财力较强的省份，总人口中财政供养人口比重较高，

---

① 根据《中国统计年鉴 2013》中"中央和地方财政主要支出项目"、"中央和地方财政主要收入项目"中的相关数据计算。[中华人民共和国国家统计局：《中国统计年鉴 2012（光盘版）》，中国统计出版社 2013 年版]

以财政供养人口为主的资金分配方式最终导致资金向财力较强的省份倾斜。[①]

2015 年 1 月 1 日起正式实施的新《预算法》,首次以法律形式对财政转移支付做了规定,明确了财政转移支付的目标、组成、比例等内容,是完善财政转移支付的一大进步。以专项转移支付为例,过去部分专项转移支付项目要求地方提供配套资金,使资金反而流向了财力较强地区。新《预算法》明确规定,建立健全专项转移支付定期评估和退出机制。市场竞争机制能够有效调节的事项不得设立专项转移支付。上级政府在安排专项转移支付时,不得要求下级政府承担配套资金(按照国务院的规定应当由上下级政府共同承担的事项除外)。然而在现实的实施过程中,更多发挥作用的是部门规章,行政机关和相关的主管部门实际上控制了转移支付的实施。对转移支付资金使用的监督缺位,造成资金被截留、占用、挪用的现象经常发生,出现资金浪费或低效率现象。我国转移支付资金操作程序很不规范,客观上为实施单位截留、挪用专项资金提供了机会。即使资金拨付到位,由于缺乏资金使用绩效评价机制,财政部门只管拨付,跟踪问效缺位,对资金的使用效果不能及时、准确地掌握,难以做出正确的评价,造成财政资金的浪费。特别是转移支付资金的不恰当使用挤占了基本公共服务资金,进一步弱化一些地方原本就不足的基本公共服务供给能力。例如,有的经济落后地区由于财政紧张,转移支付的大部分被用来支付财政供养人员工资。

第三节　对未来资金供给量的预测

本节利用 1990—2012 年我国基本公共服务支出和 GDP、财政支出的数据,运用 Eviews 软件分别建立我国基本公共服务支出和 GDP 以及我国基本公共服务支出和财政支出的回归与时间序列组合模型。分别预测出两种情况下 2015—2020 年基本公共服务的资金供给量。

---

① 贾晓俊、岳希明:《我国均衡性转移支付资金分配机制研究》,《经济研究》2012 年第 1 期,第 17—30 页。

一 基于 GDP 和基本公共服务支出关系的测算

根据国家统计局相关年份《中国统计年鉴》中 1990—2013 年的 GDP 和基本公共服务财政支出值（由于 2007 年我国统计口径发生变化，所以 1990—2007 年由文教、科学、卫生支出及社保支出加总所得，2007—2012 年由国家财政社会保障和就业支出、国家财政教育支出及国家财政医疗卫生支出加总所得），建立基本公共服务支出（BPSE）与 GDP 的线性模型为：

$$BPSE = \beta_1 + \beta_2 GDP + \mu_i \qquad\qquad (3-4)$$

用最小二乘法对式（3-4）进行参数估计的结果如表 3-5 所示。模型的可决系数为 0.979337，说明所建模型整体上对样本数据拟合较好，即解释变量 GDP 对被解释变量"基本公共服务支出"的绝大部分差异做出了解释。F 统计量的收尾概率为 0.000000，小于 0.05 的显著性水平，通过 F 检验，表明回归方程是显著的。解释变量 GDP 的回归系数 t 的收尾概率为 0.0000，小于 0.05 的显著性水平，通过 t 检验，表明 GDP 对基本公共服务支出有显著性影响。

根据表 3-5 中的数据，模型估计的结果为：

$$BPSE = 0.075807 GDP - 2917.239 \qquad\qquad (3-5)$$

表 3-5　　　　　　　　　　　模型参数

Variable	Coefficient	Std. Error	t - Statistic	Prob.
C	- 2917.239	534.1320	- 5.461644	0.0000
GDP	0.075807	0.002403	31.54849	0.0000
R - squared	0.979337	Mean dependent var		9859.291
Adjusted R - squared	0.978353	S. D. dependent var		11352.02
S. E. of regression	1670.214	Akaike info criterion		17.76223
Sum squared resid	58581891	Schwarz criterion		17.86097
Log likelihood	- 202.2657	Hannan - Quinn criter.		17.78706
F - statistic	995.3070	Durbin - Watson stat		0.403908
Prob（F - statistic）	0.000000			

将上一章预测出的 GDP 数据代入式（3-5），可以计算出 2015—

2020 年我国基本公共服务资金供给量，结果如表 3 - 6 所示。

表 3 - 6　　　　　　　我国基本公共服务财政资金供给量预测值　　　　单位：亿元

年份	我国基本公共服务资金供给量
2015	55403.53
2016	64563.38
2017	75161.85
2018	87424.92
2019	101614.00
2020	118031.70

至此，用 GDP 和基本公共服务支出的关系，来测算未来基本公共服务资金供给量预测完毕。

二　基于财政总支出和基本公共服务支出关系的测算

根据国家统计局 1990—2012 年的财政总支出和基本公共服务财政支出值（1990—2007 年由文教、科学、卫生支出及社保支出加总所得，2007—2012 年由国家财政社会保障和就业支出、国家财政教育支出及国家财政医疗卫生支出加总所得），建立基本公共服务支出（BPSE）与财政总支出（PFE）的回归模型，如式（3 - 6）所示。

$$BPSE = \beta_1 + \beta_2 PFE + \mu_i \qquad\qquad (3-6)$$

用最小二乘法对式（3 - 6）进行参数估计的结果如表 3 - 7 所示。模型的可决系数为 0.996948，说明所建模型整体上对样本数据拟合较好。F 统计量的收尾概率为 0.000000，小于 0.05 的显著性水平，通过 F 检验，表明回归方程是显著的。解释变量财政总支出（PFE）的回归系数 t 的收尾概率为 0.0000，小于 0.05 的显著性水平，通过 t 检验，表明财政总支出对基本公共服务支出有显著性影响。

表 3 - 7　　　　　　　　　　　　　　模型参数

Variable	Coefficient	Std. Error	t - Statistic	Prob.
C	- 654.8635	184.4709	- 3.549956	0.0019

续表

Variable	Coefficient	Std. Error	t – Statistic	Prob.
PFE	0. 315407	0. 003808	82. 82409	0. 0000
R – squared	0. 996948	Mean dependent var		9859. 291
Adjusted R – squared	0. 996803	S. D. dependent var		11352. 02
S. E. of regression	641. 8951	Akaike info criterion		15. 84967
Sum squared resid	8652616.	Schwarz criterion		15. 94841
Log likelihood	– 180. 2712	Hannan – Quinn criter.		15. 87450
F – statistic	6859. 831	Durbin – Watson stat		0. 727588
Prob（F – statistic）	0. 000000			

根据表 3 – 7 中的数据，模型估计的结果为：

$$BPSE = 0.315407 PFE - 654.8635 \qquad (3-7)$$

用 ARIMA（1，1，5）模型预测出我国财政总支出在 2015—2020 年的值，代入式（3 – 7）即可求得 2015—2020 年我国基本公共服务财政资金供给量。这两组预测数据如表 3 – 8 所示。

表 3 – 8　　　　我国财政总支出、基本公共服务资金供给预测值　　单位：亿元

年份	财政总支出	基本公共服务资金供给预测值
2015	206243. 4	64395. 74
2016	244869. 8	76578. 80
2017	290730. 5	91043. 58
2018	345180. 3	108217. 40
2019	409827. 7	128607. 70
2020	486582. 6	152816. 70

至此，本书完成用财政总支出和基本公共服务支出的关系来测算未来基本公共服务资金供给量。

第四节　对供需测算方法的说明及资金供需缺口推算

以上分别对我国 2015—2020 年基本公共服务资金的需求和供给进行

了预测，在此基础上，我们就可以推算出未来基本公共服务资金供需的缺口。

在对基本公共服务资金需求的测算方面，按照第一种方法预测出的我国基本公共服务资金需求量参考的是国际上的不同水平，将对基本公共服务的资金需求分为高标准、中标准和低标准三种，这对我国从国际视野比较了解基本公共服务水平有重要参考价值。基本公共教育、基本医疗和公共卫生两组数据，世界银行 WDI 数据库都收录了三种标准（高收入国家、中等收入国家和世界平均水平）的具体数据。但由于世界银行等国际组织的数据库中没有明确的社会保障和就业数据，所以选择了国际货币基金组织的《政府财政统计年鉴》中社会福利（Social Benefits）支出作为参照标准，统计口径可能偏大，再加上以 2002 年社会福利支出占 GDP 百分比排名第一的德国为代表，这样高标准的值会偏高，最终预测出的资金供需缺口会比较大。

第二种方法按我国各项基本公共服务财政支出的增长速度进行预测。由于我国基本公共服务起步晚，基数低，因此所得的值偏小。而且从 2007 年起，我国的财政支出采用新的分类指标，财政收支科目实施了较大改革，特别是财政支出项目口径变化很大，与之前的数据不可比，所以只能从 2007 年的数据开始预测，这导致样本数比较少，误差可能大一些。

综合本章和上章的资金需求量和供给量的预测，可以得出资金供需缺口，若按照需求预测方法一（参考国际标准）来看的话，供需缺口较大，具体数据如表 3－9 所示。

表 3－9　　　　　　　我国基本公共服务供需缺口预测值　　　　　　单位：亿元

年份	供需缺口高标准 1	供需缺口高标准 2	供需缺口中标准 1	供需缺口中标准 2	供需缺口低标准 1	供需缺口低标准 2
2015	－244306	－235313	－150861	－141869	－45833.1	－36840.9
2016	－284606	－272591	－175525	－163510	－54481.4	－42466
2017	－331612	－315730	－204247	－188366	－64890.7	－49009
2018	－386434	－365641	－237745	－216952	－77178.7	－56386.2
2019	－450231	－423237	－276693	－249699	－91797.7	－64804.1
2020	－524766	－489981	－322234	－287449	－109177	－74392.1

其中，供需缺口高标准 1 等于供给测算方法一（用 GDP 和基本公共服务支出的关系来测算未来基本公共服务资金供给量）测算出的值减去高标准需求预测值。

供需缺口高标准 2 等于供给测算方法二（用财政总支出和基本公共服务支出的关系来测算未来基本公共服务资金供给量）测算出的值减去高标准需求预测值。

供需缺口中标准 1、供需缺口中标准 2、供需缺口低标准 1、供需缺口低标准 2 同理。

由表 3-9 中数据可见，到 2015 年，我国基本公共服务资金供需缺口按高标准算，最高将为 24.4306 万亿元，按低标准算最低也会有 3.6841 万亿元缺口。到 2020 年，这个缺口最高将扩大到 52.4766 万亿元，最低将扩大到 7.4392 万亿元。

若按照需求预测方法二（按我国各项基本公共服务财政支出增速）测算的话，我国未来的基本公共服务供需不存在缺口，甚至还有大量盈余。具体数据如表 3-10 所示。

表 3-10　　　　　　　我国基本公共服务供需缺口预测值　　　　　　单位：亿元

年份	供需缺口 1	供需缺口 2
2015	455.2442851	9447.446301
2016	4374.888626	16390.30987
2017	9733.160309	25614.88968
2018	16756.03242	37548.51906
2019	25704.93298	52698.56492
2020	36882.40773	71667.4168

其中，供需缺口 1 等于供给测算方法一（用 GDP 和基本公共服务支出的关系来测算未来基本公共服务资金供给量）测算出的值减去需求预测方法二（按我国各项基本公共服务财政支出增速）预测值。

供需缺口 2 等于供给测算方法二（用财政总支出和基本公共服务支出的关系来测算未来基本公共服务资金供给量）测算出的值减去需求预测方法二（按我国各项基本公共服务财政支出增速）预测值。

由表 3-10 中数据可知，按照这种方法预测出我国一直到 2020 年，基本公共服务资金的供给量总会大于需求量，最少出现 3.6882 万亿元的盈余，最多出现 7.1667 万亿元的盈余。这一研究结果表明，如果仅仅按照现在的资金增长速度，这些巨额盈余的存在表明政府未提供应有的资金量，会降低资金供给规模绩效。加大财政资金投入，参照国际标准提高资金供给增速势在必行。

第四章

中国可用于弥补缺口的国有资金供给

形成稳定可靠的资金来源是基本公共服务均等化实现的根本保障。由上一章的分析可知，我国要实现基本公共服务均等化，如果要达到国际标准（至少是低标准），仅仅依靠现有财政资金投入部分的简单增加，到2020年将存在巨大资金供需缺口。我们要从更广的范围筹得资金，这就需要全面统筹和整合政府掌控的大量财力资源。这些财力资源是我国相对于西方国家的独特优势，它们可以弥补我国资金缺口，在提高基本公共服务水平、实现基本公共服务均等化中发挥巨大作用。

第一节 可能的资金供给来源

我国的各类国有资产、主权财富基金、全国社会保障基金、社会保障资金、住房公积金、土地出让金等，都是可能的资金供给来源。如果把这些国家掌握的财力按一定比例投入基本公共服务，将极大地扩充资金来源。[①]

一 国有资产

（一）经营性国有资产

经营性国有资产是指国家作为出资者在企业中依法拥有的资本及其权益。具体地说，经营性国有资产，指从事产品生产、流通、经营服务等领域，以盈利为主要目的，依法经营或使用，其产权属于国家所有的一切财产。

---

① 对该部分资金的估算可能存在高估或低估的情况。如国土资源性资产评估以土地净产出进行折算时，随着城镇化的推进，部分土地用途会发生改变，其价值也会发生变化。同时，从核算角度看，可能存在重复计算，从而高估这部分资金。

经营性国有资产包括非金融企业国有资产和金融企业国有资产。非金融企业国有资产数据来源于《中国国有资产监督管理年鉴 2011》数据，截至 2010 年年底，全国国有企业资产总额 686186.5 亿元，同比增长 2.0%；所有者权益（净资产）总额 245379.7 亿元，同比增长 20.6%。

金融企业国有资产的数据，是根据财政部的中央金融企业和地方金融企业资产负债表，计算出中央和地方金融企业的国有资产。归属财政部（包括汇金公司）的国有资产约 2 万亿元，地方金融企业国有资产约 1 万亿元，共计约 3 万亿元。

（二）非经营性国有资产（行政事业性国有资产）

非经营性国有资产是指由行政事业单位占有、使用的，在法律上确认为国家所有、能以货币计量的各种经济资源的总和。包括国家拨给行政事业单位的资产、行政单位按照国家政策规定运用国有资产组织收入形成的资产，以及接收捐赠和其他经法律确认为国家所有的资产。根据《中国会计年鉴 2011》的统计，截至 2010 年年底，全国行政事业单位的国有资产总额是 7.8 万亿元，但是固定资产所占的比重高，行政单位和事业单位的固定资产占总资产的比重分别是 46.3% 和 39.4%。而且非经营性国有资产具有专用性，造成流动性不足。

（三）资源性国有资产

资源性国有资产包括我国领土上矿藏、水流以及宪法规定属于国家所有的森林、山岭、草原、荒地和滩涂等自然资源。参考 World Bank（2006）的研究思路，将国土资源（不含油气矿产资源）的现时总价值理解为未来一定时期内从国土资源中获取的净产出（即总收益扣除成本费用，亦即资源租金）的折现值之和。以笼统的"农林牧渔业总产值"代替细分，采用 40% 为租金率，采用 25 年折现期，折现率为 4%。估算值为 44.3 万亿元。

我国《宪法》规定："城市的土地属于国家所有。农村和城市郊区的土地，除由法律规定属于国家所有的以外，属于集体所有；宅基地和自留地自留山，也属于集体所有。"这就意味着集体所有的土地，不属于国有资产。通过法律程序变更，如对土地实行征收或者征用，则集体所有的土地变更为城市土地，也进入资源性国有资产的范畴。因此，44.3 万亿元的国土资源估值可视作国有土地资源性资产的最大值。当然，中国资源性资产的变现形式比较特殊，由于不允许出售所有权，只能转让开发使用权，因此，资源性资产的收益主要体现为使用权转让收入，纳入政府公共收入体系。以 2010 年为例，国有土地使用权出让金收入达到 2.8 万亿元，占政府性基金收入的 82%。[①]

二　国家掌控的基金

(一)　主权财富基金

根据谢平、陈超 (2009) 的定义，主权财富基金是由一国政府拥有和管理的、以外汇储备和商品出口收入为主要资金来源、主要面向海外投资并以收益最大化为主要目的的市场化、专门化的长期投资机构。[②] 主权财富基金可以作为国家财富的积累，为子孙后代积累财富，有"国家养老基金"的功能，可以有效支持国家发展战略。

我国主要的主权财富基金有三家，根据主权财富基金研究所 (Sovereign Wealth Fund Institute) 2013 年 12 月的最新数据，这三家的资产规模分别是：中国投资有限公司 5752 亿美元，中国华安投资有限公司 5679 亿美元，中非发展基金 50 亿美元，共计 11481 亿美元，约 69708.561 亿元。[③]

(二)　全国社会保障基金

全国社会保障基金 (以下简称全国社保基金) 为中央政府集中的国家战略储备基金，由中央财政拨入资金、国有股减持或转持所获资金和股权资产、经国务院批准以其他方式筹集的资金及其投资收益构成。用于社会保障支出的补充、调剂。截至 2013 年 6 月 27 日，全国社保基金会管理的基金资产总额为 11060.37 亿元，基金权益总额为 8932.83 亿元。

2012 年报告期内，基金权益投资收益额为 646.59 亿元，基金自成立以来的累计投资收益额为 3492.45 亿元，年均投资收益率为 8.29%。

三　其他国有资金

(一)　社会保障资金

社会保障资金主要有两种筹集模式，其中社会保险基金主要来源于单

---

①　李扬、张晓晶、常欣等：《中国主权资产负债表及其风险评估》（上），《经济研究》2012 年第 6 期，第 11 页。

②　谢平、陈超：《论主权财富基金的理论逻辑》，《经济研究》2009 年第 2 期，第 5 页。

③　SWF Institute, *Sovereign Wealth Fund Rankings*, http://www.swfinstitute.org/fund - rankings/.

位缴费、个人缴费以及财政投入，社会救助和社会福利资金主要来源于财政投入。2011 年，18 项社会保障资金共计收入 28402.05 亿元、支出 21100.17 亿元、年末累计结余 31118.59 亿元（见表 4-1），分别比 2005 年年增长 312.79%、299.78% 和 435.24%。

表 4-1　　　　　　　2011 年社会保障资金收支和累计结余情况　　　　单位：亿元

保障资金类别	收入规模		支出规模		年末累计结余	
	金额	占比	金额	占比	金额	占比
社会保险	26194.53	92.22%	19070.01	90.37%	30303.72	97.38%
社会救助	1856.59	6.54%	1718.73	8.15%	645.35	2.07%
社会福利	350.93	1.24%	311.43	1.48%	169.52	0.55%
总计	28402.05	100.00%	21100.17	100.00%	31118.59	100.00%

资料来源：全国社会保障资金审计结果（2012 年 8 月）。

2011 年，社会保险基金收入 26194.53 亿元中，单位缴费、个人缴费、财政投入和其他投入分别为 12614.91 亿元、7177.96 亿元、5391.48 亿元和 1010.18 亿元，分别占 48.16%、27.40%、20.58% 和 3.86%；社会救助和社会福利资金收入 2207.52 亿元中，财政投入为 2163.86 亿元（见表 4-2），其他投入 43.66 亿元，分别占 98.02% 和 1.98%。

表 4-2　　　　　　　　2011 年中央和地方财政投入情况　　　　　单位：亿元

项目	财政投入合计		中央财政		地方财政	
	金额	占比	金额	占比	金额	占比
社会保险	5391.48	100.00%	3271.07	60.67%	2120.41	39.33%
社会救助	1833.96	100.00%	1187.33	64.74%	646.63	35.26%
社会福利	329.90	100.00%	50.36	15.27%	279.54	84.73%
合计	7555.34	100.00%	4508.76	59.68%	3046.58	40.32%

资料来源：全国社会保障资金审计结果（2012 年 8 月）。

截至 2011 年年底，社会保险基金累计结余 30303.72 亿元，比 2005 年年底增长 4.34 倍，年均增长 32.19%，98% 存放在金融机构。社会保险基金 30303.72 亿元结余中，除人民银行、农业发展银行和中央财政专户管理的 71.83 亿元外，省本级、市本级和县级结存分别占 38.08%、35.61% 和 26.31%；东部、中部、西部结存分别占 56.78%、21.54% 和 21.68%。从社会保险基金结余形态分布看，活期存款、定期存款和其他形式分别占 38.44%、58.01% 和 3.55%。

社会保险基金包括：

一是养老保险。截至 2011 年年底，共计 20135.94 亿元。其中，全国企业职工基本养老保险基金累计结余 18500.41 亿元，比 2005 年年底增长 413.40%。全国新农保、城居保、城乡居保三项社会养老保险基金累计结余 1635.53 亿元，比 2005 年年底增长 36.67 倍。二是全国城镇职工基本医疗保险基金累计结余 5525.52 亿元，比 2005 年年底增长 3.47 倍。三是全国新农合、城镇居民医保和城乡居民医保（以下简称三项居民医保）基金累计结余 1363.78 亿元，比 2005 年年底增长 25.98 倍，其中新农合基金累计结余 824.42 亿元，城镇居民医保基金累计结余 413.57 亿元，城乡居民医保基金累计结余 125.79 亿元。四是全国失业保险基金累计结余 2231.03 亿元，比 2005 年年底增长 3.30 倍。五是工伤保险基金累计结余 716.52 亿元，比 2005 年年底增长 3.58 倍。六是全国生育保险基金累计结余 330.93 亿元，比 2005 年年底增长 3.74 倍。七是全国医疗救助基金累计结余 154.06 亿元，比 2005 年年底增长 10.6 倍。

（二）住房公积金

根据住房城乡建设部的《2008 年住房公积金管理情况通报》，2008 年年末，全国住房公积金银行专户存款余额为 5616.27 亿元，新增余额还在不断扩大。但资金使用效率低，2008 年年末，住房公积金使用率（个人提取总额、个人贷款余额与购买国债余额之和占缴存总额的比例）为 72.81%，同比降低 1.78 个百分点。

现行住房公积金管理制度存在很大问题。一方面，住房公积金收益率低，大量资金沉淀；另一方面，保障性住房面临很大的资金缺口，普通居民缺乏基本住房的保障资金。

（三）土地出让金

近年来，我国的房地产市场蓬勃发展，许多地方政府都依靠出让土地使用权的收入来维持地方财政。据国土资源部发布的历年《中国国土资源公报》的数据显示，从 2001 年到 2011 年，十年间全国土地出让面积从 6609 公顷剧烈增长至 33.39 万公顷，全国土地出让合同价款从 492 亿元急剧上升至 3.15 万亿元人民币。前者剧增 49.5 倍，后者猛涨 63 倍。2012 年全国土地出让合同价款有所下降，但仍高达 2.69 万亿元。2013 年全国土地出让面积和收入强烈反弹，再创历史新高，出让国有建设用地 36.70 万公顷，出让合同价款 4.20 万亿元，同比分别增长 13.7% 和 56.3%。巨额土地出让收入使政府成为房价急剧上涨的受益者。

（四）财政资金中投向竞争性行业的部分

本书将竞争性行业界定为制造业、批发零售业、住宿和餐饮业、房地产业、租赁和商业服务业、居民服务业和其他服务业等行业。表 4 - 3 显示了我国预算内资金对竞争性行业的投资比重和范围。根据 2009 年和 2011 年的《中国固定资产投资统计年鉴》数据，计算出预算内资金对竞争性行业投资的比重和范围，可以看出，国民经济行业小类城镇投资资金来源构成中，2010 年竞争性行业固定资产投资中来自国家预算内资金的投资有 13104.67 亿元，占国家预算内资金投资额的 11.35%，高于 2009 年的 8.91%，有国家预算内投资的竞争性行业中行业小类占竞争性行业中行业小类比是 37.62%，相比于 2009 年的 62.87% 有所下降，但占比仍然过高。

这说明我国财政资金还未完全退出竞争性领域，财政资金中投向竞争性行业的金额增加，没有实现财政资金非营利化，而这部分资金本应该投向基本公共服务领域，为服务和改善民生添砖加瓦。

表 4 - 3　　我国预算内资金对竞争性行业的投资比重和投资范围

年份	预算内资金对竞争性行业的投资比重			预算内资金对竞争性行业的投资范围		
	竞争性行业国家预算内资金投资额（万元）	国家预算内资金投资总额（万元）	预算内资金对竞争性行业的投资比重（%）	竞争性行业中行业小类的数量（个）	有国家预算内投资的竞争性行业中行业小类的数量（个）	预算内资金对竞争性行业投资的范围（%）
2009	10237259	114936300	8.91	614	386	62.87
2010	14872178	131046700	11.35	614	231	37.62

注：预算内资金对竞争性行业投资的比重 = 竞争性行业国家预算内资金投资额/国家预算内资金投资总额

预算内资金对竞争性行业投资的范围 = 有国家预算内投资的竞争性行业中行业小类的数量/竞争性行业中行业小类的数量

资料来源：2009 年、2011 年《中国固定资产投资统计年鉴》。

由上文可以看出，我国政府所掌握或受托管理资产和资源数额庞大，如表4-4所示，资产的总和约为108.0617万亿元。在这些资产和资源中，国有资产、主权财富基金、全国社会保障基金、社会保障资金、住房公积金、土地出让金等都可以按照一定比例投入到基本公共服务，成为新的基本公共服务资金来源。

表4-4 　　　　我国政府掌握或受托管理的资产总量估算 　　　　单位：亿元

总和	国有资产	主权财富基金	全国社会保障基金	社会保障资金	住房公积金	土地出让金	财政资金中投向竞争性行业的部分
1080616.75	924852.10	69708.56	8932.83	31118.59	6000	26900	13104.67

资料来源：《中国国有资产监督管理年鉴2011》、财政部数据、《中国会计年鉴2011》、主权财富基金研究所数据、《2012年全国社会保障基金年度报告》、《全国社会保障资金审计结果（2012年8月）》、《2008年住房公积金管理情况通报》、《2012中国国土资源公报》、《中国固定资产投资统计年鉴》（2010年、2011年）。

若将经营性国有资产的50%，非经营性国有资产及资源性国有资产的20%，主权财富基金、住房公积金、土地出让金和重点城市土地抵押贷款的50%用于基本公共服务的资金，加上全部社会保障基金、社会保障资金和财政资金中投向竞争性行业的部分，那么，目前我国可用于基本公共服务的国有资金供给量为41.0586万亿元。由此看来，随着资金的增值，未来用于弥补基本公共服务资金缺口具有可行性。

第二节 国有资金运营存在的问题

虽然由上文看来，我国政府可能用于弥补基本公共服务资金缺口的国有资金供给较为充足，但是，国有资金包括现有的财政资金在运营中存在不少问题，例如资金投资收益率低、投入基本公共服务的比例少、缺乏有效的财政资金绩效评价体系、现行预算管理不健全等。

一 资金投资收益率低

我国部分国有资金的投资收益率低。以全国社保基金为例，虽然投资收益率跑赢了通货膨胀率，和其他一些资金如住房公积金相比，投资方向更丰富，收益率也更高，但是仍然存在一些问题。全国社保基金投资绝大部分集中于银行存款、国债、股票和基金，其中股票市场占比很大，造成投资收益率受股市影响较大。如表4-5所示，在2006年和2007年股市形势大好时，投资收益率出现明显提升，2007年甚至高达43.19%。但好景不长，2008年股市出现大幅下跌，全国社保基金的投资收益率也随之大幅下滑，为-6.79%，若考虑到通货膨胀因素，实际收益率仅为-12.69%。2011年又出现负的实际收益率（-4.55%）。说明全国社保基金缺乏投资渠道，投资工具较为单一，风险未能有效分散，因此投资收益率没有实现稳定增长，波动较大，安全性不高。

表4-5　　　　　　　　　　全国社保基金投资收益情况

年份	投资收益率（%）	通货膨胀率（%）	实际收益率（%）	GDP实际增长率（%）
2001	2.25	0.69	1.56	8.30
2002	2.75	-0.80	3.55	9.10
2003	2.71	1.20	1.51	10.00
2004	3.32	3.90	-0.58	10.10
2005	4.16	1.80	2.36	11.30
2006	29.01	1.51	27.50	12.70
2007	43.19	4.80	38.39	14.20
2008	-6.79	5.90	-12.69	9.60
2009	16.12	-0.71	16.83	9.20
2010	4.23	3.29	0.94	10.40
2011	0.84	5.39	-4.55	9.30
2012	7.01	2.60	4.41	7.70
累计投资收益（平均）	9.07	2.46	6.60	10.16

资料来源：根据2001—2012年的《全国社会保障基金理事会基金年度报告》、国家统计局的数据整理。

全国社保基金投资的最低要求是要实现资金的保值，保证资产收益率高于或等于通货膨胀率，这样资产才不会在实质上贬值。投资的更高要求是能充分分享国民经济增长的长期收益，这可用国内生产总值实际增长率与基金收益率作对比。所以，在此以 2001—2012 年我国国内生产总值实际增长率作为衡量的标准，与全国社保基金的实际收益率相比较，衡量全国社保基金投资的业绩水平。

由图 4 – 1 可见，只有在 2006 年、2007 年和 2009 年，股市情况大好的年份，全国社保基金的收益率才超过 GDP 实际增长率。年均投资收益率为 9.07%，低于年均国内生产总值增长率 10.16%。这意味着全国社保基金投资未能实现最高收益目标，即充分享受经济增长的成果。

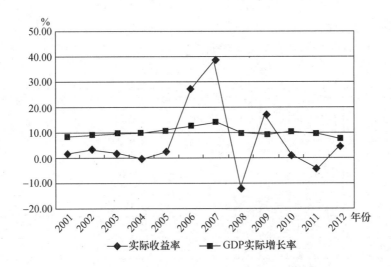

图 4 – 1　全国社保基金历年实际收益率与 GDP 实际增长率走势

资料来源：根据 2001—2012 年的《全国社会保障基金理事会基金年度报告》、国家统计局的数据整理。

二　投入基本公共服务的比例少

我国财政可动用的资金少，尚未有效统筹利用能用的资金和资源，投入到基本公共服务领域的资金比例较少。多数西方国家以私有制立国，政府除税收外几乎不能创造其他收入，基本公共服务资金投入绝大部分来源于政府税收。而我国现阶段的基本经济制度是以公有制为主体、多种所有制经济共同发展。在公有制的支撑下，国家除税收外还掌握大量财力资源，如各类国有资产、国有企业利润、主权财富基金等。这些属于全民所有的财富也应该是基本公共服务的资金来源。但现行财税体制偏重当前收支管理，不注重资产、资本和资源管理和配置，缺乏全面统筹和整合国家财力资源的顶层设计。政府没有专门的机构编制国家资产负债表，无法对国家掌控的财力资源进行统筹、整合和配置。这导致原本数量可观的国家财富分散化、碎片化，脱离人民群众，甚至收益低下、流失严重，没有在基本公共服务均等化中发挥出作用。

国家财力中很重要的一部分是国有企业的利润，关于国有企业利润投入基本公共服务的比例问题，要提及我国国有企业利润上缴的改革历程。在计划经济时代，实行"统收统支"，国有企业的利润全部上缴国家，费用支出全由财政部门拨付。1983—1986 年实施了两步利改税，1994 年分税制改革，国有企业实施"缴税留利"政策，利润和税收分开，国有企业向国家交纳营业税和所得税，税后利润分配不受国家干预。20 世纪 90 年代末以来，随着改革的不断深入，我国大多数国有企业逐步建立了现代企业制度，经营业绩逐步好转，获得巨额盈利，成为中国市场化改革最大的受益者。特别是一些国有企业，如中国移动、中国石油等一度成为"中国最赚钱公司"。国有企业的利润从 1999 年的 1145.8 亿元增长至 2013 年的 24050.5 亿元，约等于 2013 年全国财政收入的 19%，14 年间增长了约 20 倍。这部分政府通过支配国有企业盈利而形成的财力分配活动被称为"第三财政"。

然而，这部分巨额财力并未为全民所用。1994 年至 2007 年，国有企业利润全部留归企业。2007 年，国务院发布《关于试行国有资本经营预算的意见》，规定了国有资本经营预算的收支范围。收入主要包括：国有独资企业按规定上缴国家的利润；国有控股、参股企业国有股权（股份）获得的股利、股息；企业国有产权（含国有股份）转让收入；国有独资企业清算收入（扣除清算费用），以及国有控股、参股企业国有股权（股份）分享的公司清算收入（扣除清算费用）等。国有资本经营预算的支出主要包括：根据产业发展规划、国有经济布局和结构调整、国有企业发展要求，以及国家战略、安全等需要，安排的资本性支出；用于弥补国有企业改革成本等方面的费用性支出及其他支出。没有专门部分用于基本公共服务支出，只提到了"必要时，可部分用于社会保障等项支出。"

2007 年 12 月 11 日颁布的《中央企业国有资本收益收取管理暂行办法》，规定了不同行业的央企上缴比例的不同标准。第一类为烟草、石油石化、电力、电信和煤炭等资源类行业，上缴比例为其年度净利润的

10%；第二类为钢铁、运输、电子、贸易、施工等一般竞争性行业，上缴比例为 5%；第三类是军工企业、转制科研院所企业，由于企业总体利润水平不高，暂缓 3 年上交。中国储备粮管理总公司和中国储备棉管理总公司予以免缴。而且只是针对中央直接管理的一级企业。一级企业下属的子公司，控股、参股公司的股利、股息、产权转让收入和清算收入等，计入一级企业的当期损益不单独收取。①

2010 年 12 月 23 日财政部下发《关于完善中央国有资本经营预算有关事项的通知》，规定从 2011 年起，提高中央企业国有资本收益收取比例，具体收取比例调整为四类。原第一类提高至企业税后利润的 15%；原第二类提高至 10%；原第三类再加上中国邮政集团、中国出版集团公司等一些新纳入预算的企业，上缴比例为 5%；中国储备粮管理总公司和中国储备棉管理总公司继续免交国有资本收益。② 2012 年根据《财政部关于扩大中央国有资本经营预算实施范围有关事项的通知》（财企〔2012〕3 号）和《关于提高中国烟草总公司国有资本收益收取比例的函》（财办企〔2012〕84 号）等规定，将收取比例分为五类执行，第一类为烟草企业，收取比例为 20%，其他四类和原来一样。2014 年 5 月 6 日，财政部下发《关于进一步提高中央企业国有资本收益收取比例的通知》（财企〔2014〕59 号），决定从 2014 年起，适当提高中央企业国有资本收益收取比例。国有独资企业应交利润收取比例在现有基础上提高 5 个百分点，即第一类企业为 25%；第二类企业为 20%；第三类企业为 15%；第四类企业为 10%；第五类企业免交当年应交利润。事业单位出资企业国有资本收益收取政策，按照《财政部关于中央级事业单位所属国有企业国有资本收益收取有关问题的通知》（财企〔2013〕191 号）执行，收益收取比例提高至 10%。③

目前还有包括资产管理公司在内的金融国企等诸多国有企业没有纳入国有资本经营预算，没有上缴利润。从地方上看，还有不少省市区没有实行国有资本经营预算。2013 年 1—12 月，国有企业累计实现利润总额24050.5 亿元，同比增长 5.9%。中央企业 16652.8 亿元，同比增长

---

① 《国资委关于印发〈中央企业国有资本收益收取管理暂行办法〉的通知》（财企〔2007〕309 号）。

② 《关于完善中央国有资本经营预算有关事项的通知》（财企〔2010〕392 号）。

③ 《关于进一步提高中央企业国有资本收益收取比例的通知》（财企〔2014〕59 号）。

7.4％。地方国有企业 7397.7 亿元，同比增长 2.7％。① 国有企业利润除保留必要的发展资金外，理应以注入基本公共服务资金的方式让股东，即全民参与分红。然而民众并没有充分分享到国企收益，2012 年，中央国有资本经营收入 950.76 亿元，国有资本经营支出预算 875 亿元，其中调入公共预算用于社会保障等民生支出仅 50 亿元，只占上缴利润的 5.3％。2013 年情况得以改善，中央国有资本经营收入 1426 亿元，增长 34.7％。加上上年结转收入 152.03 亿元，中央国有资本经营收入总量为 1578.03 亿元。中央国有资本经营支出 1578.03 亿元，其中调入公共财政预算用于社会保障等民生支出 184 亿元，占中央企业上缴国有资本收益的 13％。②

2013 年 11 月 12 日，党的十八届三中全会审议通过的《中共中央关于全面深化改革若干重大问题的决定》中明确提出，划转部分国有资本充实社会保障基金。完善国有资本经营预算制度，提高国有资本收益上缴公共财政比例，2020 年提到 30％，更多用于保障和改善民生。

那么到底哪个比例提升至 30％？以情况较好的 2013 年全国国资经营预算的比例来看，只有约 10％的国企净利润被作为收益上缴，在这部分上缴的国有资本收益中仅 13％是用于社会保障等民生支出的，算起来只有 1.3％的国企净利润被用作保障和改善民生。如果 30％的比例是指国企净利润用作保障和改善民生的比例，那我国的差距还很大。现阶段更倾向于指的是国企的分红比例，由现在 0—20％的水平，提高至 30％。但到底是最高档提高到 30％，还是平均水平提高到 30％，也没有明确规定。

三　缺乏有效的财政资金绩效评价体系

我国对财政资金的审计方式多以事后审计为主，对事前和事中进行的审计尚未普及。事后审计往往只是关注财政资金的使用结果，而忽视了事前对财政资金的预算编制、资金分配等方面的审计监督，这种监督是片面的，难以从源头上防范不合规现象的发生。

当前我国绩效审计所依据的评价标准体系还不完善。财政资金的绩效

---

① 中华人民共和国财政部：《2013 年 1—12 月全国国有及国有控股企业经济运行情况》（http://czzz.mof.gov.cn/zhongguocaizhengzazhishe_daohanglanmu/zhongguocaizhengzazhishe_caikuaishijie/201401/t20140122_1038232.html），2014 年 1 月 22 日。

② 中华人民共和国民政部：《民政部发布 2013 年社会服务发展统计公报》，2014 年 6 月 17 日（http://www.mca.gov.cn/article/zwgk/mzyw/201406/20140600654488.shtml）。

审计过程需要有一个用于引导审计、确定绩效水平的评价标准。财政资金绩效水平如何需要制定明确的标准体系来评价，审计评价标准是衡量财政资金使用效益优劣的尺度，是审计人员进行分析、评价并出具审计意见的依据。目前我国的财政资金绩效审计尚未形成完善的评价标准体系，也没有形成可操作的准则性指导文件。审计内容也不全面，目前的绩效审计标准偏重"经济性"和"效率性"，而对"效果性"应用却相当少，很少涉及对财政资金投入后运作效果的审计。而且财务指标多于非财务指标，综合性指标多于单项指标，原则性指标多于量化指标，缺乏预警指标，这就容易造成评价结果的偏差，难以在此评价的基础上提出客观、可操作性强的审计意见。

以教育资金绩效审计为例，在上海市 2006 年至 2007 年城市基础教育经费专项审计调查项目中，审计重点是教育资金的使用是否合法、合规，关注了基础教育经费是否被截留、挤占或者挪用，是否有虚列的支出，基础教育经费是否会用于外借投资等方面的问题，揭露了部分违法违规现象，但是尚未全面反映教育资金的绩效。

四　现行预算管理不健全

我国现行的预算管理水平仍不健全，体现在预算透明度低，尚未建立科学规范的财政支出管理和控制机制等方面。

我国的政府收支由一般性预算收支、基金预算收支、社会保险收支和国有资本经营预算收支四部分构成。一般性预算收支的规范程度最高，需要通过人民代表大会的审议，是具有法律性质的预算。基金收支预算可分为两部分：一部分是政府部门设立的各类基金，各部门掌握自己的收支，另一部分是土地出让金。基金收支预算不用各级人民代表大会批准就可以直接执行，且不能统筹。社会保险基金预算由人力资源和社会保障部形成编制，专款专用，同基金收支预算一样，各级人大也是备案式的，不能统筹。国有资本经营预算是最不完善的预算，覆盖的国有企业面很少，如金融国有企业不在范围之内，不需要上缴红利。而且，我国国有企业上缴的利润标准在世界范围内看是较低的，民众没有充分分享到国有企业发展的红利。

我国预算的透明度较低。根据上海财经大学公共政策研究中心编撰的《2013 年中国财政透明度报告》，项目评估包括一般预算基金、政府性基金、社会保险基金、国有企业基金四个大项，调查结果显示，31 个省市区财政透明度平均得分为 31.4 分（按百分制计算），这意味着 31 个省市区作为一个整体来看的话，只公开了全部调查信息中不到 1/3 的信息。从得分分布来看，20—30 分的省份最多，占 48.39%；30—40 分的省份占 19.35%；而及格的省份仅有 6.45%。在一般预算基金、政府性基金、社会保险基金、国有企业基金四个大项中，社会保险基金的透明度相对最好，其次是政府性基金，再次是一般预算基金，国有企业基金最差，得分分别为 40.89 分、26.45 分、25.21 分与 20.83 分。在所有的社会保险基金项目中，信息公开较完整的是社保基金收支总额及余额，而其他一些项目的透明度相对较低，如社会保险基金资产总额、负债总额、净资产总额、资产负债表的信息以及社保基金收入明细、支出明细、资产明细、负债明细等。在透明度得分最低的国有企业基金这一大项中，各省各国有企业的财务状况和财务成果完全没有任何公开的信息。

而清华大学发布的《2013 年中国市级政府财政透明度研究报告》显示，按照全口径政府财政透明度指标体系对我国 289 个城市政府进行综合评价的结果是，全部 289 个市级政府得分平均值仅 17.9 分（按百分制计算）。

缺乏完善的预算信息公开法律法规是预算透明度低的一个重要原因。2007 年国务院颁布的《中华人民共和国政府信息公开条例》（以下简称《条例》），对各级政府的预算公开义务做了详细和明确的规定，包括政府信息公开的范围、方法、程序等。2008 年 9 月，财政部颁布了《关于进一步推进财政预算信息公开的指导意见》（以下简称《指导意见》），明确了财政信息公开的指导思想和原则、财政预算信息公开的主要内容和方式，要求重点公开政府预算、部门预算、预算执行以及财政转移支付等内容。2010 年 3 月，财政部又颁布了《关于进一步做好预算信息公开工作的指导意见》（以下简称《指导意见》），进一步强调做好预算信息公开工作的重要性和紧迫性，明确预算公开主体，主动公开预算、决算，积极推动部门预算公开，特别是对预算安排的教育、医疗卫生、社会保障和就业、"三农"、保障性住房等涉及民生的重大财政专项支出的管理办法、分配因素等，要积极主动公开。由此看来，最近几年以来，我国预算透明化的进步较大，但是从立法上来看，缺乏相应的明确法律来保障财政透明。《条例》及两份《指导意见》仅仅属行政法规、部门规章，而且《条例》的第十四条规定："行政机关在公开政府信息前，应当依照《中华人民共和国保守国家秘密法》以及其他法律、法规和国家有关规定对拟公开的政府信息进行审查。行政机关对政府信息不能确定是否可以公开时，应当依照法律、法规和国家有关规定报有关主管部门或者同级保密工作部门确定。"一些政府部门就以此为依据和借口不公开财政信息。

　　现行的预算管理不健全还体现在尚未建立科学规范的财政支出管理和控制机制，预算的约束力低。目前仍有不少财政资金的支出尚未细化到具体项目、单位和用途，预算单位往往借机调整具体的资金使用方向，造成一些不合规定、重复浪费的支出。目前，社会对财政资金监督机制不健全。财政资金市场化运作过程中，如何确保资金的安全并实现保值增值，避免政府人员在交易中损公肥私，产生腐败现象，都需要健全的监管机构和监督机制，加强对财政资金市场化运作的监管。现实中，特别是到了市县两级，财政资金专户过多、重复设置、管理分散等问题仍然较为严重，资金安全隐患较大，增加了资金运行风险。

第五章

优化基本公共服务资金
配置的国际经验借鉴

我国在现有基本公共服务资金投入和使用方面存在不足，同时，财政资金运营又存在不少问题，不能实现有效统筹利用，使之成为可靠的基本公共服务资金来源。而国际上，许多国家在优化基本公共服务资金配置方面已经积累了较为成熟的经验，因此，通过分析国外基本公共服务资金配置的经验，我们可以学习借鉴其成功的做法，探索有中国特色的基本公共服务资金优化配置模式。

第一节　部分国家基本公共服务资金具体操作经验①

目前，绝大多数发达国家已经打破种族、地域、城乡等差别实现了基本公共服务均等化。他山之石，可以攻玉。吸收和借鉴各国基本公共服务资金具体操作经验，对我国优化基本公共服务资金配置有重要启发意义。一些发展中国家虽然在推进基本公共服务均等化方面起步晚，投入也没有发达国家多，但是随着经济和社会的发展，也越来越重视民生，有一些国家的政策措施也值得我们借鉴。本节我们重点考察英国、美国、德国和日本四个国家在基本公共教育、社会保障和就业、基本医疗和公共卫生三个方面的主要做法，也提及了南非、巴西、印度等发展中国家的一些经验。

---

① 本节部分内容作为作者博士学位论文的阶段性成果，以《一些发达国家推进基本公共服务均等化的经验与启示》为题发表在《理论建设》2013 年第 4 期，该文的详细内容请参阅本书附录。

一 基本公共教育

英国的基础公共教育不仅实现了入学机会均等，更是以实现人人都享有接受同等质量教育的权利为目标。19 世纪以前，英国的教育主要由教会负责。进入 20 世纪后，英国逐步加强对教育的政府干预。1902 年、1944 年和 1988 年英国相继出台三部教育法案，根据经济社会发展逐步完善基本公共教育体系。1902 年教育法创立了英国公立中等教育制度，改变了中等教育是贵族特权的观念。1944 年教育法使英国形成初等教育、中等教育和继续教育相互衔接的国民教育制度，规定由地方教育当局资助的中等学校一律免费。1988 年进一步推进基本公共教育均等化，在全国实行统一课程，学生入学实行全国统一考试，让家长自由选择送子女到哪个学校就读。此举将政府资助与学校竞争相结合，无论是中小学还是高等院校，只有通过提高办学质量才能吸引学生。从 2006 年起，英国改革了国家向地方政府教育拨款的办法。划拨给学校的教育经费以专用资金的形式由英国教育部直接发放到地方，不再通过地方财政管理系统，以保证全部用于学校预算支出。

美国历届政府都十分重视教育公平和质量。凡是在美国合法居留的人，都享有接受义务教育的权利。甚至非法居留者的子女，也不会被排斥在公立中小学的大门之外。美国基本公共教育资金由当地选出的教育委员会确定。教育委员会受州立法机关的指令，对学区有管辖权。学区独立于当地行政辖区，有着独立的行政人员和预算，实行独立管理。而教育标准和标准化考试通常由州政府决定。教育资金由联邦政府、州政府和地方政府提供，但更多依靠州和地方政府，占总投入的 90% 以上。地方居民的主要教育税源是财产税。由于各州财产税收入有所不同，因此教育收入也存在差异。许多州用均衡拨款的方式分配对地方学区的拨款补助，让学区不论贫富，都能得到大致相同的生均经费。

德国是现代义务教育的起源地，1619 年，德意志魏玛公国率先规定父母必须送 6—12 岁的儿童入学。1763 年普鲁士国王签署世界上第一部《义务教育法》。1990 年两德统一后，联邦各州对教育有充分的自主权，义务教育经费主要由各州和地方政府承担。为实现基本公共教育均等化，德国政府采取中央对州、州对市镇纵向转移支付和州际横向转移支付等财政手段，保证全体国民享有均等的基本公共教育服务。

日本的基本公共教育由文部科学省统管全国教育发展规划、教育课程标准、教育改革方向，对地方教育事业发展予以资助，具体实施基本上由市、町、村政府负责。中央财政承担了全部义务教育半数以上的经费，包括学校基本建设费、图书经费、教师工资、全部的教科书经费等。从财政投入到制定政策制度都在保证学校设置、师资水平等各方面使各个学校都能相对均衡。例如，法律规定，一个教师在同一所学校连续工作不得超过5年，校长任期两年，不能在本校连任，需在校际之间轮换，以保障义务教育资源均衡配置。无论规模和学生数，所有公立学校的基础设施都大体相同。为避免因经济发展水平不一而造成的不公平，1954年，日本还颁布了《边远地区教育振兴法》，保障落后地区的教育发展。

在许多发展中国家，基础公共教育发展不均衡已经成为制约教育发展和实现教育现代化的巨大障碍。为改变现状，实现基础公共教育的均衡发展，许多发展中国家采取多项措施优化教育资金配置。例如，南非"国家学校经费规范和标准"规定，根据学校的物质条件、可利用的设施、学校拥挤程度、师生比、基本服务的有效性及学校周边社区的贫困程度等对办学资源状况进行总体排序，按照需要的程度或贫困程度将学校划分为5个等级，公立学校中最贫困的20%学校获得35%的非人事资源，最富有的20%只获得5%的资源。在菲律宾，在艰苦环境下工作的教师享有不超过基本工资25%的补贴。[①] 1995年，巴西设立基金会以专门账户保证经费只被用于基础教育与教师专业发展。为了确保贫困家庭儿童的教育，巴西于2001年开始实施助学金（Bolsa Escola）计划，每月提供资助给那些有孩子在接受初等教育但人均月收入不足90亚雷尔（约合42美元）的家庭。到2003年，全国共有820多万学生得到了该计划的资助。

二　社会保障和就业

英国是福利型社会保障制度国家的代表。1572年，英国开始征收济贫税，1601年颁布《济贫法》，这是西方国家政府承担社会保障责任的起源。20世纪30年代，英国发表的《贝弗里奇报告》提出福利国家的概念，形成了英国福利国家模式。随后，西欧、北欧的一些国家也纷纷建立福利国家，并由此派生出以瑞典为代表的"斯堪的纳维亚模式"。英国的

---

① 石国亮、张超、徐子梁：《国外公共服务理论与实践教育》，中国言实出版社2011年版。

社会保障体系内容全面，主要包括国民保险、国民医疗保障、社会救助和福利津贴等内容。国民保险计划包括养老保险、失业保险、疾病保险、工伤保险、生育保险及家庭收入补助等，只要预交一定的保险费用，16 岁以上公民都可以享受这种保险。社会救助主要包括负所得税、住房补助、基本收入维持和社会基金。社会福利包括儿童和孕妇福利、伤残或者疾病福利、退休福利、寡妇福利、失业福利、低收入人士福利和社会基金。英国的社会保障制度充分体现出了社会保障的均等化与普遍性，但由于福利支出迅速增长，政府财政负担过重。因此，布莱尔政府进行了一定程度的福利改革，如实施"从福利到工作"的新政，加大对教育和培训的投资等。另外，英国社会福利资金来源多样，由政府、企业及个人共同承担，私有化的保险公司为居民提供了很多选择。

美国的社会保障制度类似于德国，属于社会保险型模式，以社会保险为核心，费用由个人、企业和国家共同分担，强调个人和企业的责任，给付与缴费、收入相联系。社会保障体系主要包括社会福利和社会保险。社会福利主要是为所有社会成员提供最低限度的健康和社会支持。特别是针对低收入和贫困阶层进行救助，如以老人和残障人为对象的补充收入保障，以及食物补贴计划等。主要由州政府承担主要的事权，联邦政府会设立补贴标准，提供财源。社会保险主要是人们按照所投保险项目获得的福利和服务，通常包括退休养老金、伤残保险、遗属抚恤金、失业保险等内容。社会保险工薪税是社会保障资金的稳定来源，对职工和雇主或仅对雇主征收。主要用于职工老年退休、遗属抚恤、残废和健康保险及失业救济金等。养老保险相应的税款由取得工资收入的职工和雇主各负担一半，自营者全额承担。失业保险的事权归州政府承担，该部分对应的税款只对雇主征收。联邦政府提供适当的补助，保证各州政府提供的服务水平能大致均等化。

德国的社会保障体系包括社会保险、社会补偿、社会救济和社会福利四方面，其中社会保险是主体，包括主要的医疗保险、养老保险、失业保险，以及辅助的事故保险、护理保险。德国的社会保障制度以全民覆盖为目标，不同层次的社会保障项目几乎覆盖了全体公民。而且，强调公民的自助性和社会保障制度中权利和义务的对等。例如，法定养老保险具有强制性，养老金的数量同其缴费的多少及时间长短有一定联系。从事家庭劳动的女性在社会保险中的权益也逐步得到重视。养老金中设有专门的妇女养老金，规定年满 60 周岁，完成了 15 年缴纳期的妇女有权利享受妇女养老金。除了社会保险之外，还有各种社会补偿、社会救济和社会福利，为低收入者、残疾人、多子女贫困家庭等弱势群体提供包括住房在内的各种补贴。

日本的社会保障制度以社会保险为核心，包括医疗保险、养老保险、雇佣保险、灾害补偿保险等项目。此外，还有对弱势群体的社会救济，对长者、儿童和残疾人的社会福利，为预防传染病向国民提供的公共卫生和医疗保健。20 世纪 90 年代以来，由于生育率下降，人口老龄化问题严重，日本社会保障的重点转向以普及和改善养老保险、医疗保险为中心，重点关注老年人的生活和医疗保障，以及增加对儿童福利的投入，减轻人们生育和抚养孩子的负担。由于经济长期停滞，日本社保资金出现缺口。2012 年，日本政府确定了以提高消费税率为主的社会保障与税制一体化改革大纲，2014 年 4 月 1 日已经将消费税率从 5% 提高到 8%，预计到 2017 年 4 月再提高至 10%。每年多征的消费税收原则上将全部用于养老、医疗、育儿等社会保障，以弥补资金缺口。

在一些发展中国家，提供非缴费的社会救助养老金是它们推进社会保障均等化的新做法，巴西、阿根廷、南非等国都推出针对老年劳动者尤其是农村老人的社会救助性养老金。为缩小社会保障的城乡差距，印度在农村修建社区基础设施，使农民获得福利的同时还给他们提供了就业机会和工资收入。此外，还实施了多项工程和计划，如农村综合发展工程、反贫困计划、农村青年职业培训计划、农村妇女儿童发展计划及干旱地区水井计划等。作为人口大国的印度，有大量劳动人口是非正规用工，例如农民工、临时工等，属于灵活就业人员，一直以来未能享受到充分的社会保障，为改变这种状况，印度于 2008 年颁布了《灵活就业人员社会保障法》，明确规定灵活就业人员不论职业或就业与否，都有资格享受社会保障，并设定了全国社保待遇的底线。

三　基本医疗和公共卫生

英国于 1948 年开始实施《国民医疗服务法》，建立国民医疗保健系统（National Health Service，NHS），其核心是政府包办，推行全民免费的医疗制度。该体系以高度公共化，公平性和福利性闻名。经费的主要来源是税收，也有部分来自私人保险。医疗服务覆盖全面，不以患者收入而以需要为基础，医疗标准的提供对全体国民一视同仁，真正实现了均等化。但随着人们医疗需求的扩大，英国模式逐渐暴露出效率低的问题。如人们常把小病当大病看，造成医疗资源浪费。病人从进社区诊所到最终上医院看病，等待时间长达数月。体系庞杂、机构臃肿造成 NHS 开支巨大，财政负担沉重。另外，缺乏竞争也造成医疗质量下降。为提高效率并削减开支，2011 年，英国推行新医改。内容主要是：撤销 151 家初级卫生保健信托机构（PCTs），600 亿—800 亿英镑的医疗保健基金将转移到由全科医生组成的联盟中，从 2013 年起，全科医生联盟将管理 NHS 预算，负责为患者安排就诊医疗，购买医疗设备和护理服务等。整个运作过程由一个新设立的 NHS 委员会监管。撤销英格兰地区的 10 家卫生战略管理局（Strategic Health Authorities，SHAs），建立新的 NHS 委员会代行其职责。引入竞争机制，鼓励私营医疗机构参与 NHS 体系提供医疗服务。

与英国不同，美国的医保体系以商业医疗保险为主，是唯一未提供全民医疗保险的发达国家。医疗服务供给以私立医疗机构为主。政府通过医疗照顾计划（Medicare）补贴长者和残疾人，通过医疗补助计划（Medicaid）补贴低收入者，通过儿童医疗保险计划（Children's Health Insurance Program，CHIP）补贴儿童。美国的医疗制度充分尊重了患者的自主选择，保障了医疗服务的竞争。在美国，通常雇主都会为雇员购买医疗保险。如果企业福利水平高，雇员就可获得较好的医疗保障；反之，医疗就无法得到保障。15%—20% 的美国居民没有任何医疗保险，这正是奥巴马推行新医改的主要原因。新医改的核心问题就是要扩大医保覆盖面。规定国民必须购买医疗保险，无法负担者将获资助。医保范围可涵盖 95% 的美国公民。另外，加强对商业保险的监管，规定保险公司不得因投保者有过往病史而拒保或收取高额保费，不得对投保人的终身保险赔付金额设置上限。政府通过一定的补贴，鼓励非营利性医疗保险的发展。

德国现行的医疗保障制度体系包括法定医疗保险、法定护理保险、私人医疗保险和针对特定人群的福利型医疗保障等。法定医疗保险是主体，覆盖了 90% 以上的人口。法定护理保险主要用于因伤病或者残障事故导致在日常生活中需要他人持续照顾的人员的医疗护理和生活服务费用。这两者的资金都来源于雇员和雇主按一定收入比例的缴费。法定保险实行"一人保全家"的原则，即一人保险，全家受益，没有工资收入的配偶和子女同样可以享受免费医疗的待遇。私人医疗保险主要是针对收入超过一定标准的人群。福利型医疗保障主要针对享受工伤保险待遇和社会救济对象、战争受害者、公务员、警察和联邦国防军等特定对象，其医疗服务费用直接由政府承担。

日本的医疗保障制度体系以社会保险为主，主要由雇员健康保险制度、国民健康保险制度和特殊行业健康保险制度以及老年卫生服务计划和私人医疗保险制度组成。雇员健康保险有两类，分别由企业和政府管理。企业管理的健康保险机构负责管理大企业（固定员工达到 700 人以上的企业可设立一个健康保险机构）员工的医疗保险，政府管理的健康保险机构负责管理中小企业员工的医疗保险。国民健康保险覆盖农民、个体经营者、失业者和退休人员以及家属，在 1960 年就实现全覆盖。国民健康保险由地方政府负责管理，保险费的缴纳标准根据不同收入水平确定，中央和地方政府给予一定的补贴。特殊行业雇员健康保险主要是针对四类人群，即海员、中央与地方公务员、私立学校教师等。这三种社会医疗保险制度覆盖了所有居民，实现全民都有医疗保险。资金主要来源于税收、雇主和雇员缴纳的医疗保险费、财政补贴。但不同的保险方案要求个人付费的比例不同。雇员健康保险规定，90% 的门诊以及住院医疗费用由保险机构支付。针对老龄化，日本于 1973 年规定 70 岁以上老人享受免费医疗。在接下来的 30 年里日本多次修改完善国民健康保险法，现在，日本所有被保险人及其家属负担的医疗费用不超过 30%。日本重视预防保健和健康促进工作，广泛提供社区公共卫生服务。针对人口老龄化，社区卫生服务更多地为老年保障提供服务，如福利院护理、家庭访问护理、老年人保健咨询服务等。

为保障国民的基本医疗和公共卫生权利，发展中国家建立了一些各具特色的制度。巴西实行的是以全民免费医疗为主、补充医疗保险为辅的基本医疗保障制度。公立医疗机构对病人实行免费治疗，医疗保险覆盖面广。巴西政府于 1994 年还专门设立了一种针对农村家庭和社区的初级卫生保健制度——家庭健康计划。另外，巴西有健全的初级卫生保健体系，社区卫生服务机构覆盖人口广泛。为保障农村居民的基本医疗，泰国在农村实施健康卡制度。以家庭为单位参加，1 户 1 卡，超过 5 人者再购 1 卡，每张卡由家庭自费 500 泰铢，政府补助 500 泰铢。50 岁以上老人和 12 岁以下儿童享受免费医疗。印度为解决农村居民投保难的问题，鼓励行业联合组织和非政府组织建立乡村健康保障组织，帮助农民投保医疗，如农产品加工企业组织其合同农户向保险公司集体投保、工会为其成员设计保险项目集体向保险公司投保等，提高了农村地区的医疗服务水平。

第二节　国外财政资金优化配置的经验

由于通货膨胀的存在，加上我国银行存款利率低，若只将可用作基本公共服务的资金，如社会保障基金存在银行，单靠利息收入根本不能维持其原有价值。要摆脱百姓"养命钱"不断缩水的困境，提高财政资金的运行效率，需将部分暂时不用的财政资金用作投资，实现其自身的保值增值。当然，投资要以确保安全性为前提，实现盈利的同时要保持资金流动性。国外对财政资金运作的经验可为我们提供一些借鉴。

一　财政资金投资模式

本书的财政资金投资模式以社保基金运作模式为例。对于社保基金投资管理，世界上大部分国家都采用适度集中型投资管理模式。政府统一征收投保人的社会保障款，然后公开选择几家资质较好的基金公司等金融机构，由其管理运作社保基金，或者是将资金在几家基金公司间进行分配，由投保人自由选择投向哪家公司。

在投资方向上，大部分允许基金投资的国家都会制定相应的法律法规来对基金的投资方向及比例做出明确规定。具体有投向政府债券、公司股票、公司债券、房地产等，目前，许多发达国家的基金投资中不动产和国际投资增加，进一步分散了投资风险，提高了投资安全性。

以新加坡为例，新加坡的社会保障资金运作模式是集中管理、集中投资。新加坡的社会保障基金又称中央公积金，实行中央公积金强制储蓄制度。中央公积金的投资主体为公积金局和会员。公积金局的投资方向主要是中长期建设项目和政府的中长期公债，会员投资有较严格的条件，需同时满足年满21岁、没有破产且公积金账户的存款超过公积金局规定的最低额度这三个条件，才能动用公积金账户可投资数额的资金进行投资。会员的公积金投资方向主要是公积金局批准的各种金融产品。有七种投资品种的投资比重可以为可投资余额的100%，分别是公积金局指定银行的本币定期存款、保险人必须是本人且保单不能转让的定期人寿保险、投资方案要通过公积金局批准的单位信托基金、由公积金局指定基金管理公司管理的基金管理账户、政府公债、政府担保债券和法定机构债券。而投资风险相对大些的金融产品如股票、债券的投资比重不超过50%，而且严格规定股票必须为优先股和普通股，债券必须在新加坡证券交易所挂牌；交易货币必须是新元；股票和债券的发行主体必须为在新加坡注册的公司。投资比重限定最低的品种是黄金，不能超过10%。

新加坡中央公积金的投资回报收益较好。成员的公积金存款有最低存款利息保证。根据中央公积金法的规定，若市场年利息低于2.5%，中央公积金局有义务向其计划成员支付2.5%的年利息。特殊账户和退休账户的年利息为普通账户和医疗账户的利息加上1.5%。而且，中央公积金投资计划规定，中央公积金计划成员有自由选择低风险投资方式或高风险投资方式，以获得比中央公积金利息更高的回报。

与新加坡略有不同，美国社会保障投资模式是多层管理、分散投资。美国养老金由联邦社保基金和形式多样的个人、企业补充养老金构成。联邦社保基金指的是"联邦老年、遗属和伤残人士保险信托基金"（Old Age, Survivors, and Disability Insurance, OASDI），用来资助退休、遗属和伤残人士，以保障他们最基本的生活所需。联邦社保基金的风险承受能力弱，对流动性要求高，首要目的是基金的保值。联邦社保基金的投资方向和监管十分严格，主要投资于特种国债，特种国债不上市流通，利率参考长期债券的平均收益率。

相对于管理严格的联邦社保基金，政府对个人、企业补充养老金的监管要宽松一些，鼓励通过市场化投资运营实现基金保值增值。美国的401（K）计划就属于补充养老金，它是由雇员、雇主共同缴费建立起来的完全基金式养老保险制度。资金交由专业机构投资者进行投资，只在领取时才征收个人所得税，雇员退休后养老金的领取金额取决于缴费的多少和投资收益状况。现在，绝大多数接近退休年龄的美国人都拥有401（K）账户。

401（K）的参与者有广泛的投资选择权，如短期贷款、债券、股票、投资基金等，股市的繁荣与养老金的增值相互促进，但是2008年金融危机的爆发对股市造成重挫，导致养老金大为缩水，许多退休者赖以生存的财富灰飞烟灭。这次重大打击让人们认识到，过于市场化运作的养老金体系会给未来退休者的财富造成太大风险。因此，金融危机后，美国养老金投资更加看重长期性与分散化投资，许多投资转向基础设施、房地产、境外股票以及私募股权等，通过对不同市场的多元化配置，使养老金总体投资风险下降。

二　财政资金绩效预算管理

绝大部分发达国家在 20 世纪初就有了财政资金绩效预算管理，但是，受到传统的政府运作模式的束缚，财政资金绩效预算管理只注重成本控制，直到 20 世纪 80 年代末 90 年代初兴起的新公共管理运动提出新的理念，强调政府改革要注重结果、以顾客为中心、向雇员授权等，才为财政资金绩效预算改革提供了更加广阔的发展空间。以美国、英国为代表的发达国家绩效预算管理改革覆盖所有政府部门，在实行财政资金绩效预算管理时，更重视产出和结果，明确基本公共服务的具体执行部门的权责，特别重视这些部门的预算，预算的执行结果会及时反馈给中央，以达到对预算有效控制的目的。

英国政府从 1994 年开始实施以权责发生制为核算基础的资源会计与预算制度，这是英国政府预算管理的一次重大改革，标志着预算管理的重点从投入逐渐转向成果和产出。"资源会计与预算"是指以政府各部门占有、使用资源为中心，以权责发生制为核算基础编报预算并进行会计核算。自 2001 年起，英国中央政府会计和预算编制同时采用权责发生制。

这种制度将政府公共支出的计划、控制和报告等行为建立在权责发生制的基础之上，可以将政府部门的资产负债、收入支出状况全面、真实地反映出来，有利于考察财政资金的绩效水平和公共服务供给水平。可为降低单位资源耗费，提高财政资金使用效益，加强和改进对政府部门的绩效评价与管理提供很好的依据。但是该制度也存在一定的缺陷。例如，对所有的公有资产和负债都按私有部门的观念估价是不适当的。某些基本公共服务不好界定资产和负债，如基本公共教育、养老金、公共债务等。

美国的财政资金预算管理经历了一个逐渐完善的过程，19 世纪末 20 世纪初期，美国实行的是总和预算，政府各部门申请使用资金时，只需要提供资金收支预计的总数，不需要明细科目和开支分类。这种预算模式难以做到准确和透明，而且每个政府部门都自行向议会争取资金，自己掌控开支，一级政府并没有一份详细统一的预算。财政开支得不到有效控制，财政资金浪费和腐败现象严重，不利于议会和民众对政府部门的有效监督。为了改变预算管理的混乱局面，1949 年，美国的胡佛政府宣布推行新的绩效预算体制，即基于政府职能、业务与项目所编的公共预算。该预算重视工作或服务的成就和为此将支付的成本，预算管理从投入控制转向投入结果，这是一个进步，但是，这次的改革并未将公众的需要作为衡量绩效的标准，只是仅仅将产出作为预算管理的依据。

1993 年，随着新公共管理运动的兴起，美国开始了新一轮公共预算管理改革，新绩效预算在传统绩效预算的基础上增加了很多科学支出，包含了借助项目评价评级工具（Program Assessment Rating Tool，PART）开展全面的绩效评估，获取绩效信息，以此为依据改进预算决策，公开绩效信息，提高财政透明度等主要内容。新绩效预算主要有四个特征：分权；对结果负责；加强透明度；目标和总额集中控制。新绩效预算由过去强调产出转为强调最终结果，更加关注社会目标与结果，而非机构的直接产出。这次新绩效预算改革的根本目的就是要保证财政资金使用的有效性，让从民众手中征得的税收能有效率地使用，创造最大价值。

美国财政预算透明度很高，政府每年都会在专门的网站上公布预算报告，预算报告的内容很详细，主要包括：本次预算的基本说明；本财年的总预算及在基本公共服务大项的支出比例；具体各个项目的本年度和上一个年度的开支比较；政府一般性收入在预算中的支出比例；专项收入资金的预算情况等。美国民众能通过查阅信息积极参与到预算监督中来，如果发现哪项具体预算开支项目不合理，违反了法律法规，可以直接向联邦法院提出诉讼，法院可以对该项开支做出要求暂停或终止的裁决。

三　财政资金绩效审计

如何合理分配有限的财政资金、提高资金使用效率、优化财政支出结构，使其为社会经济的稳定和发展做出更大的贡献，是摆在各国面前的一个重要问题。在处理该问题时，对财政资金的绩效审计是不可或缺的一部分。从一些发达国家实施财政资金绩效审计的过程和效果来看，相比简单的财务审计，绩效审计能更加客观全面地评价政府财政资金的使用状况，遏制浪费和腐败，监督政府更加有效地提供基本公共服务。

以美国为例，美国是最早将绩效审计引入政府审计领域的国家，审计总署 1921 年《预算与会计法》规定了要建立审计总署，独立于行政部门，隶属于国会，对其负责并汇报工作。1945 年《立法机关改组法》颁布后，审计总署开始了关注经济性（Economy）、效率性（Efficiency）和效益性（Effectiveness）的"3E 审计"，也就是绩效审计。通过多次修改最终于 1994 年确定的《美国国家审计准则》对绩效审计的具体内容及实施作了详细的规定，绩效审计得到了规范快速发展。

如今，美国审计总署的工作范围较为广泛。通过有效开展绩效审计，检查财政资金的使用情况，对政府各项投资的资金流向和最终效果进行实质性的监督检查，做出评价，有利于预防潜在的风险，加强政府的财政管理，改进工作绩效，为国会提供做出是否继续拨款的决策依据。

第三节　国外经验对我国的借鉴和启示

对国外财政资金优化配置的做法进行比较分析，总结出值得我们学习的经验和需要我们警惕的教训，可以为我国财政资金的优化配置带来一些借鉴和启示。我们也应根据具体国情具体分析，在优化财政资金投资方向和完善财政资金绩效管理两方面选择适合的道路。

一　优化财政资金投资方向

财政资金投资需要寻求收益与风险之间的最佳结合点。首先要保证安全性和流动性。以社保基金为例，投资较为成熟的国家一般都会规定某些投资项目上的最低投资比率，主要是政府债券、银行存款等安全性较高的投资项目。这样才能保证受益人的回报率，在出现突发事件后能够及时给予支付。

在保证财政资金安全的同时也要关注增值，这需要丰富投资品种，增加投资渠道。投资品种可以拓展到企业债券、房地产、金融债券、股票等多品种，投资范围不仅局限在本国市场，也可以逐渐扩展到世界市场。投资品种多元化、投资渠道多样化不仅可以降低投资风险，还能增加财政资金投资的中长期收益。

通过股权投资，包括股票投资、PE 基金投资和未上市股权直接投资，可以提高财政资金的长期回报。这是因为，虽然与债券资产相比，股票收益率的波动性大，不同年份的股票回报率会高于或者低于债券回报率，但是在成熟的资本市场里，从长期（10 年或更长）来看，股票回报率普遍高于债券回报率。同时也要看到，长期投资并不是买入股票或债券并长期持有，而是要根据现实情况，及时调整投资结构，考虑长期收益目标，通过持有适当比例的股权资产提高财政资金投资的长期收益水平。

随着我国资本市场的不断发展和完善，利用股权投资提高社保基金的盈利能力已是大势所趋，但是我们也应该看到，我国的资本市场尚未达到欧美发达国家的成熟度，股票市场的波动大，在社保基金的投资上，如果直接参照欧美发达国家的配置比例来确定中国的资产配置比例是不合适的，我们应该更加审慎，股权资产的比例应该低于海外养老基金的投资比例。

另外，我们也要借鉴国外的经验，健全风险控制体系，及时评估各种内部和外部风险，吸取美国 2008 年金融危机的教训。相关监管部门要加强监管，采取多种手段如法律法规、不定期稽核检查等，确保社保基金的投资建立在安全可靠的市场基础之上。

二　完善财政资金绩效管理

针对我国财政资金绩效管理方面的问题，借鉴他国的经验，我们应该从完善绩效评价标准体系、提高财政透明度、完善财政资金绩效审计等多方面加强财政资金绩效管理。

开展财政资金绩效管理需要公正合理的绩效评价标准体系。在评价财政支出绩效时，要考虑经济效益和支出的短期影响，还要考虑到长远发展、直接和间接的影响、社会评价等多方面因素，因此财政资金绩效评价标准体系应该做到统一性与专一性指标相结合、多层次全方位广覆盖。在制定绩效指标时，需充分听取各方面专家和社会公众的意见。

提高财政透明度是有效开展财政资金绩效管理的前提和保障。以国际货币基金组织《财政透明度手册》的规定为参考，提高财政透明度，公开财政信息要做到以下几点。

第一，明确政府职能和管理框架。政府应当明确其结构、职能、内部分工，财政管理的法律、法规和行政框架。在制定和实施财政政策的过程中，清楚地界定政府的范围是明确政府作用和责任的前提。明确政府在募集和使用公共资源过程中的职责，则是提高政府治理水平的基础。

第二，明确规定财政信息公布的时间、频率、具体内容以及公布方式。公开的信息要全面，至少应当包括预算信息、审计报告、资产和负债信息以及各级政府的合并财务状况等。

第三，公开预算程序。预算披露的信息是财政透明度的核心，应公开预算编制和执行过程，并向公众提供预算报告。包括年报、半年报、季报和月报。此外，在预算执行过程中，应当建立健全内部控制制度，并在此基础上进行有效的内部审计。应当采用权责发生制会计，可以参照《国际公共部门会计准则》来制定政府会计和财务报告。

第四，确保真实性。要对财政信息进行有效的内部监督和外部审查，包括国家审计机关的独立审计，外部专家对财政和宏观经济预测的评估以及国家统计机关通过其独立编制财政统计数据来核实财政数据的质量。

在财政资金绩效审计方面，从国外的经验可以看出，首先，要保持最高审计机关的独立性，不受政府干预，才能保证审计的客观公正。其次，建立健全的财政资金绩效审计法律制度及完善的绩效标准评价体系是开展有效审计工作的重要前提。再次，审计人员的素质对审计结果的影响较大，需要加强对他们的管理和培训，建立约束机制。最后，注重多方面力量的综合利用，如聘请外部专家，以提高绩效审计的质量。

值得注意的是，我国开展财政资金绩效审计既要积极学习借鉴国外的先进经验，但由于发展阶段不同、配套的制度体系不同、文化理念不同，我们又不能简单直接照搬西方模式，否则即使名义上建立了相关制度，也难以彻底贯彻实施，结果可能适得其反。中国人善于取其精华，融会贯通。我们必须根据我国具体国情和财政资金绩效审计发展现状，学习西方先进理念，探索具有中国特色的绩效审计模式，与我国政治经济的客观环境相适应。

第六章

中国弥补资金缺口的基本思路

现阶段，我国基本公共服务的资金来源有限、筹资渠道少。主要依靠政府的财政投入，而地方政府的财力与事权不匹配，特别是基层政府较多依赖"土地财政"和上级政府的转移支付，在提供基本公共服务时感觉捉襟见肘。在财政资金的投资和利用上存在资金投资收益率低、投入基本公共服务的比例少、缺乏有效的财政资金绩效评价体系、现行预算支出管理不健全等问题。针对这些问题，本章从构建全面统筹和整合国家综合财力资源的机制、促进基本公共服务均等化的财税体制改革以及创新资金筹集和使用方式三大方面提出几种解决思路。

第一节　构建全面统筹和整合国家综合财力资源的机制

实现我国基本公共服务均等化之任务时间紧、任务重，需要大量真金白银的投入，如果只从财政当期的收支来考虑，要满足均等化的资金需求比较困难，因此，我们应该从整个国家和政府所掌握和受托管理的资源来考虑，构建全面统筹和整合国家综合财力资源的机制，促进资源优化配置。

一　全面掌握国家资产负债情况

我国政府掌握了多少资产，资产的质量和分布情况如何，以及债务规模有多大，准确掌握这些信息，一方面可以有效监控政府债务，防止因为误判债务风险，而丧失提升中国经济实力和人民生活水平的发展机遇；另一方面可以合理配置政府资源，科学安排财政收支，以免出现"守着金饭碗哭穷"的现象，造成资源错配而效率低下。因此，全面掌握国家资产负债情况，有利于统筹和整合国家综合财力资源，为基本公共服务资金提供更广阔的资金来源。

近年来，我国开始重视统计国家资产负债情况，但目前尚未有官方公布的国家资产负债表，仅有民间的金融和学术机构对此做的研究，所采用的指标和得出的研究结论也有所不同，这些研究成果给我们提供了一些思路和参考。

2012 年，我国有三个研究团队尝试编制了中国的国家资产负债表。一是由中国银行首席经济学家曹远征牵头的中国银行团队；二是由博源基金会组织和资助的马骏牵头的复旦大学为主的研究团队；三是由中国社科院副院长李扬教授牵头的中国社科院团队。

曹远征团队的研究报告根据 1998 年的国家资产负债表数据和历年统计的资金流量表数据，得到 1998—2008 年的政府负债和资产数据。报告显示，政府资产规模从 1998 年的 6.5 万亿元增加到 2008 年的 17.21 万亿元；政府负债规模从 1998 年的 1.58 万亿元增加到 2008 年的 7.52 万亿元。2008 年政府净资产为 5.94 万亿元。

马骏团队的研究报告则得出 2010 年政府净资产为 38 万亿元。报告对家庭、企业、银行、中央政府、地方政府各部门资产负债表都进行了测算，并加总得出了总体的国家资产负债表。根据报告，2010 年多部门国家资产负债表总资产 358 万亿元，其中中央政府占比 8%（29 万亿元）；地方政府占比 9%（32 万亿元）；总负债 156 万亿元，其中中央政府和地方政府各占比 7%（11 万亿元）。2010 年多部门国家资产负债表净资产达到 202 万亿元，其中中央政府占比 10%（20 万亿元），地方政府占比 9%（18 万亿元）。[①] 测算中资产方包括了政府持有的十几万亿元的上市公司股份市值，而基本上没有包括国土资源性资产。

李扬团队的研究报告指出，按宽口径匡算，2010 年中国主权资产净值为 69.6 万亿元，但考虑到行政事业单位国有资产变现能力很差（因为要履行政府职能），以及国土资源性资产的使用权也不可能一次性全部转让（事实上最近每年的土地出让金只有两三万亿元），因此，以窄口径来统计，即扣除行政事业单位国有资产，并以 2010 年的土地出让金 2.8 万亿元替代国土资源性资产 44.3 万亿元，窄口径的主权资产净值只有 20 万

---

① 徐以升：《比较三份国家资产负债表》，《第一财经日报》2012 年 9 月 10 日第 A05 版。

亿左右。①

2014 年，中国社科院又发布新的研究成果，其中，李扬领衔的"中国国家资产负债表研究"课题组的成果《中国国家资产负债表 2013》披露，2007—2011 年，国家总资产从 284.7 万亿元增加到 546.5 万亿元；总负债从 118.9 万亿元增加到 242 万亿元；而净资产则从 165.8 万亿元增加到 304.5 万亿元，三大指标在五年内均几近翻番。而中国社科院财经战略研究院发布的《中国财政政策报告 2013/2014》则指出，2012 年中国政府净资产为 52.73 万亿元。②

从以上的各项研究成果可以看出，尽管研究的指标体系不同，有的口径宽，有的口径窄，但是结果得出的我国国家净资产均为正，只是数额大小不一而已，表明我国的主权资产负债表都比较健康，政府有足够的资源作为偿债保证，以及保障基本公共服务资金供给。

然而，我们不能忽略总负债较快的增长速度，这将带来潜在的风险。同时，资产负债表编制中难以反映隐性债务。而现实中，地方政府以各种形式的欠款、担保产生了巨大的隐性债务。如以地方政府为主导组建的地方融资平台，通过信托贷款、融资租赁、售后回租和发行理财产品等方式融资，这些融资方式隐蔽性强，不易监管。相对于显性债务，隐性债务造成的潜在风险更大。融资规模一旦超过地方政府自身承受能力，累积的债务风险过高，会引发地方金融风险，偿债风险还会逐级上移，甚至危及中央财政安全。

因此，要全面掌握国家的资产负债情况，需要引入权责发生制，编制政府资产负债表，完善国有资本收益、主权财富基金、社会保障基金、住房公积金、土地出让金等内容，关注隐性债务风险，建立规范的地方政府举债融资机制，把地方政府性债务纳入预算管理，推行政府综合财务报告制度，防范和化解债务风险。

---

　① 李扬、张晓晶、常欣等：《中国主权资产负债表及其风险评估》（上），《经济研究》2012 年第 6 期，第 4—19 页。

　② 2015 年，李扬团队的《中国国家资产负债表 2015》报告发布，报告指出，2013 年，国家总资产 691.3 万亿元，总负债为 339.1 万亿元。净资产为 352.2 万亿元，资产负债率为 49%，相对于 2007 年的 41.8%，年均提高 1.2 个百分点。按宽口径计算，主权资产在 2014 年年末总计 227.3 万亿元，主权负债总计 124.1 万亿元，资产净值为 103.2 万亿元。

二　加速打造全口径预算管理体系

全口径预算管理（Full – Covered Budget Management，FCBM），指的是要对全部政府性收支，实行统一、完整、全面、规范的预算管理，具体来说，凡是凭借政府行政权力获得的收入与为行使行政职能所管理的一切支出，都应纳入政府预算管理。它有两个基本要求：一是全部政府收支都应在预算中有所反映，或者"全部政府收支进预算"；二是全部政府收支都受到了与其性质相适应的有效管理。[①] 建立全口径预算管理体系关系到公共资源配置和公众利益等重要问题，预算作为行政层面内部控制与立法层面外部控制的管理工具，能使政府真正做到从事预算法案通过的活动，政府对立法机构负责，接受立法机构和社会公众委托与问责。

党的十八大明确提出"加强对政府全口径预算决算的审查和监督"。2014 年我国政府工作报告进一步指出，实施全面规范、公开透明的预算制度。着力把所有政府性收入纳入预算，实行全口径预算管理。各级政府预算和决算都要向社会公开，部门预算要逐步公开到基本支出和项目支出，所有财政拨款的"三公"经费都要公开，打造阳光财政，让群众看明白、能监督。这是中央给出的明确信号，是我国加速打造公共财政框架下全口径预算管理体系的动力。

实施全口径预算首先要加快立法进程。一直以来，我国实施的是1995 年颁布的《预算法》，已经实施近 20 年，严重滞后于建立健全公共财政发展的要求。近年来，修改完善《预算法》受到社会的高度关注。2011 年 12 月和 2012 年 6 月，《预算法》修正案草案审议稿两次提交全国人大常委会审议，于 2014 年 4 月在全国人大常委会上三审，最终在 2014年 8 月 31 日，十二届全国人大常委会第十次会议表决通过了修改《预算法》的决定。新《预算法》从横向明确了四位一体的公共预算，预算包括一般公共预算、政府性基金预算、国有资本经营预算和社会保险基金预算，并明确规定了其概念、范围和编制原则、相互之间的衔接关系。新《预算法》的出台给我国加速实施全口径预算管理体系提供了完善的法律依据。但是，新《预算法》在打造全口径预算体系方面还有待完善。例如政府性基金、行政事业性收费、专项收费等亟待清理、整合和规范。国

---

① 高培勇：《实行全口径政府预算管理》，中国财政经济出版社 2009 年版，第 22 页。

有资本经营预算的收入范围尚未纳入金融企业国有资本，更不包括其他国有资产和国有资源。为保证新《预算法》更好地实施，还应该完善其他一系列法律法规，包括政府债务管理、政府性基金与收费管理、社会保险基金收支管理和国有资本运营预算收支管理等方面。

其次要细化预决算的范围。在第十二届全国人民代表大会第二次会议上财政部作的《关于2013年中央和地方预算执行情况与2014年中央和地方预算草案的报告》中指出："政府支出预决算全部细化到项级科目，专项转移支付预算细化到具体项目。扩大部门预决算公开范围，除涉密部门外，中央和地方所有使用财政拨款的部门均应公开本部门预决算。"我国的预算科目按照范围的从大到小，分为类、款、项、目四级。现在提出的"政府支出预决算全部细化到项级科目"是我国预算管理制度改革的一大进步，但是对于民众来说还不够，民众的要求是能够细化到目，即政府的每项支出都有具体的明细，可供查看监督，这也是我国预算管理制度改革的努力方向。

最后打造全口径预算管理体系需要推进预算的编制、审批、执行、监督审查的各个阶段的法治化水平和公开力度。要编制政府复式预算体系，不仅包括公共财政收支预算、政府性基金收支预算、国有资本经营收支预算、社会保险基金收支预算，还要包括政府债务收支预算，特别要将地方性债务收支分类纳入预算管理。接下来的审批、执行、监督审查各个阶段都要依法公开，提高预算绩效。

三 完善国有资产和资源管理体制

我国的国有资产包括经营性国有资产（含国有金融资产）、非经营性国有资产（行政事业性国有资产）、资源性国有资产。随着经济的发展，我国国有资产规模不断扩大，在经济社会发展中发挥着不可替代的作用。一是体现社会主义国家的性质和目标；二是为社会提供公共产品和服务；三是保障国家安全和把握国民经济命脉；四是体现国家发展的目标和战略。国有资产中的经营性国有资产和非经营性国有资产，加上主权财富基金、全国社会保障基金、社会保障资金、住房公积金、土地出让金等都是政府所掌握或受托管理的资产和资源，这些资产和资源数额庞大，可以成为新的基本公共服务资金来源。

但是目前全面统筹国有资产和资源的体制还不完善。例如，中央政府和地方政府的产权不明晰。国家虽然有法律上的所有权，但实际上地方政府拥有一定的所有权，有处置国有资产的自由。尽管这在一定程度上调动了地方国资委的积极性，但在长期中可能会导致中央政府和地方政府的利益不协调。在管理部门方面，不同种类的国有资产的管理部门不同，如经营性国有资产主要由国资委管理，但其中的金融性国有资产属于财政部管理；非经营性国有资产由财政部管理；资源性国有资产由各个行业主管部门（土、水、林、矿等）管理。在实际管理中，又往往出现各级政府与国有资产管理部门之间、资源性国有资产的各个行业主管部门与财政部门之间的法律关系不明确，存在多头管理与管理"真空"并存的现象，不利于国有资产和资源的全面统筹。因此，我们需要不断完善国有资产和国有资源管理体制，可考虑建立综合管理部门来统筹国有资产和资源，如可由财政部作为国有资产的所有者代表，直接负责国有资产资源的管理和监督，其他行政部门负责具体管理。或者以隶属于财政部的专门机构负责中央的国有资产管理，并在全国成立分支机构管理地方的国有资产和资源。要根据具体的国家经济社会发展战略需要，优化配置资源，加强监管，提高资金资源的使用效益，争取实现经济效益和社会效益的统一。

完善国有资产和资源管理体制需要深入推进国有经济布局结构的战略性调整。近年来，虽然我国预算内资金对竞争性行业投资的比重有所下降，对竞争性行业的投资范围也有所缩小，但是比重仍然偏高，说明过多的国有资产在涉足竞争性领域。这一方面挤占了非公有制经济发展的市场空间，另一方面也加剧了投入到基本公共服务的国有资产不足的局面。因此，应按照"有进有退"的原则，使国有资本更多向关系国家安全和国民经济命脉的重要行业、关键环节、基本公共服务领域集中，从一般竞争性领域逐步退出部分资本，充实至基本公共服务领域。

完善国有资产和资源管理体制需要提高国有企业上缴的利润比例。由上文可知，现阶段我国国有企业上缴利润的比例还是较低，投入到基本公共服务领域的部分更少。普通居民无法充分分享到发展的利润，甚至是购买某些国企股票的投资者都难以获得红利。因此，今后应提高国有企业上缴利润的比例，逐步扩大覆盖范围，特别应该将国有金融类企业纳入上缴利润的范围内。建议建立专门的国家基本公共服务资金账户，将各类国有资产收益按一定比例注入账户，专门投向基本公共服务。另外，要加强对国有资本经营预算的审计监督，规范上缴利润的使用。

第二节　促进基本公共服务均等化的财税体制改革

促进基本公共服务均等化，需要加快财税体制的改革和完善，从加大国家财政投入力度，优化财政支出结构，完善转移支付制度，促进地方政府财力和事权相匹配等多方面入手，解决政府的筹资责任与实际财政支付能力的矛盾，提高基本公共服务资金供给的效率。

一　加大国家财政投入力度

促进基本公共服务均等化，要改变重经济增长、轻公共服务的政府绩效考核导向，更加关注对民生的投入，进一步优化财政支出结构。一方面，各级政府要优先安排预算用于基本公共服务，增加基本公共服务资金投入，加大基本公共服务投入额占财政支出的比重。有研究表明：在我国国家财政生产性支出中，教育支出和科学研究支出与产出—资本比强正相关，财政基本建设支出与产出—资本比弱正相关；在地方财政生产性支出中，财政教育支出与产出—资本比强正相关，财政基本建设支出与产出—资本比弱负相关。[1] 由于产出—资本比的提高对发展中国家经济增长至关重要，这些研究结论一定程度上说明，相比于修建机场、大剧院、体育馆等的财政基本建设投资，财政教育投资的产出效果更好，更能促进经济增长和社会进步。同样，对基本医疗和公共卫生、社会保障和就业等领域的财政支出也应该会有相当的效果。

另一方面，要限制政府非基本公共服务支出，尤其是行政经费支出的膨胀。做到控制政府一般性支出、压缩不必要的公务开支。规范和严控财政经费供给范围，在计划审批和报销审核两个环节上严格审批步骤，加强内部监督和外部监督，以保证政策执行力度不打折扣。具体体现在控制人员编制，规范因公出国（境）经费、公务车购置及运行费、公务招待费、差旅费、会议费、培训费的支出，降低行政成本，严控地方政府的形象工程建设等方面，将节约下来的财政经费投入基本公共服务领域。

---

[1]　赵志耘、吕冰洋：《政府生产性支出对产出—资本比的影响》，《经济研究》2005 年第 11 期，第 46—56 页。

二　完善转移支付制度

随着经济的发展，基本公共服务不均等的问题不仅体现在城市和农村、东中西部等区域之间，还体现在城镇化推进过程中出现的人口城镇化大幅滞后于土地城镇化，流动人口享有的基本公共服务不足。我国现行的财税体制以户籍人口为基础，无论是财政收入还是支出的划分，都是以假定人口不流动为前提。而城镇化带来庞大流动人口，受体制所限，他们处于徘徊在乡村与城镇的"候鸟"状态，长期生活在城镇却享受不到城镇的公共服务。城镇户籍捆绑了享受城镇基本公共服务和社会福利的诸多权利，与市民的切身利益密切相关。在现行财税体制下，地方政府事权与财力不匹配的问题较为严重，不少地方政府在为本市户籍居民提供公共服务时已经捉襟见肘，更不必说非本市户籍居民。因此，如何在不降低原有市民福祉水平的前提下实现城镇基本公共服务和社会福利全覆盖，需要进一步完善转移支付制度，以及促进地方政府财力和事权相匹配。

科学确定转移支付金额，要扩大因素评估法在各类转移支付资金分配中的应用，将影响均等资金分配的因素公式化，并根据公式计算的结果进行资金分配。确保因素选择的客观性，将人口规模、社会结构及发展状况（如行政区划个数、都市化程度等）、经济发展水平（如区域 GDP、产业结构、企业规模等）、地理环境（如平均气温、平均海拔高度）等客观因素作为主要的评估因素，同时也要考虑到各个地区基本公共服务供给成本的差异。

进一步完善转移支付制度，均衡政府间的财政能力。改变转移支付以基数为重的制度惯性，采取与国际接轨的常住人口"标准人"分配，即在均等化区域范围内就人均可支配财力真实度计算求得一个标准尺度，通过财政资金横向转移，按真实的常住人口实现政府间财力均等。

考虑到我国区域发展水平差距较大，全国区域财政均等可分阶段进行。第一步可在东、中、西三大区域内部率先建立跨省转移支付平台，保证各级、各地政府财政均等，在大区域内部提供较为均等的基本公共服务。未来在大区域内部财政均等的基础上跨区统筹，最终实现全国财政均等，保证各地基本公共服务大致均等化。从长期来看，要积极探索医疗、社保等领域中央政府直接补助到人的转移支付形式。中央政府统筹全国财力，为每个国民建立账户，使流动人口无论迁徙到哪个地方，享受公共服务的权利都能得到续接。①

我国尚未颁布财政转移支付法，而完善财政转移支付法律法规是强化转移支付管理，保障转移支付规范化、法治化的必要手段。我国应尽快颁布财政转移支付法及其他相关法律法规，规范转移支付资金的分配和使用，通过立法形式对转移支付的原则、目标、规模、标准以及具体的技术性操作程序和方法等加以确认，减少人为干扰，保障转移支付法治化和规范化。各级人大、财政部门、审计部门和司法部门都应加强对资金使用的监督管理。政府应公开各类转移支付的政策目标、分配方法、分配标准、分配结果等相关数据和信息，以便加强公众和社会监督。

促进地方政府财力和事权相匹配需要做到，一方面，应进一步调整中央和地方事权的分配。将基本公共服务的支出重心适当向省和中央上移，减轻基层政府的负担。明确细分各级政府的事权和支出责任，中央和地方可按项目和比例分担基本公共服务的经费。中央加大专项转移支付，省级政府承担管理责任，地市级财政通过转移支付给予必要的补助，县级财政负担基本建设支出。另一方面，优化中央与地方的税收分配制度，建立中央集权为主，适度分权为辅的税权划分模式，根据事权与财力匹配的原则，可考虑赋予地方政府一定范围、一定幅度的税收立法权和调整权，开征、加征、减征或改征一些地方税种，形成征收成本低、税源稳定、税额较高的地方主体税种，可建立财产税为主体税种的地方税体系。为地方政府履行公共服务职能，发展公益性社会事业提供税源保障。②

第三节　创新资金筹集方式

政府应多渠道筹集完善基本公共服务的资金，创新资金使用方式，缓解目前财政资金的压力。在推进基本公共服务均等化方面，政府发挥主体作用，同时吸引社会资本广泛参与，由市场操作，这样既能拓展资金来源渠道，又能提高资金利用效率。

---

① 周幼曼、康珂：《基于财税体制改革的基本公共服务资金供给问题研究》，《中共浙江省委党校学报》2014年第1期，第101—105页。

② 王元京、阳曜：《完善地方政府融资模式的构想》，《宏观经济管理》2011年第4期，第56—59页。

一　吸引社会资本投入

政府可以通过先导性投资，吸引带动社会资本更大程度的投资跟进，参与到公共服务的供给中来。同时通过税收减免和给予信贷优惠等政策，鼓励社会力量向提供公共服务的社会组织提供资金捐助。例如，可以鼓励社会资本设立科技、文化、体育、医疗等领域的社会发展投资基金。如我国香港特别行政区就在 2005 年设立了携手扶弱基金（Partnership Fund for the Disadvantaged，PFD），推动政府、商界与福利界共同扶助弱势群体。政府会根据商业组织对非政府组织福利项目的捐款额来提供配套资助。有关对弱势群体的就业协助、咨询服务和专业支持（如财务管理）项目，政府对每个项目的资助将高达 300 万港元。

加快基本公共服务领域向社会开放，可采用招标采购、特许经营、管理合同外包、政府参股等多种形式，减轻财政负担，提高供给效率。在基本公共服务供给上可以形成政府引导、市场主导、社会参与的供给机制。

特许经营模式就是一种很好的运作模式。特许经营权是根据特许经营制度授予某些经济实体的一种经营权利，经特定程序许可获得的市场准入权，有了这种准入权就可实现对有限自然资源的开发利用、公共资源配置等。特许经营权由政府控制，政府可根据需要将特许经营权在一定期限内授予经营者。在特许经营项目中引进民间资本和外资的模式很多，其中比较常见的有"BOT"、"PPP"、"TOT"等。特许经营模式特别适合基础设施的建设，政府在建设和维护期不用承担任何费用，而且在特许经营期满后，可以得到没有任何负债的资产。

以 BOT 模式为例，BOT（build – operate – transfer）即建设—经营—转让，是指政府通过契约授予私营企业（包括外国企业）以一定期限的特许专营权，许可其融资建设和经营特定的公用基础设施，并准许其通过向用户收取费用或出售产品以清偿贷款，回收投资并赚取利润；特许权到期时，该基础设施无偿移交给政府。这种模式适合投资资金巨大，建设周期长，回收期限长的项目，如铁路、公路、电力、桥梁、地铁、环保、卫生等多个领域。

采用 BOT 模式一方面可以补充财政资金的不足，缓解财政资金短缺的矛盾；另一方面可以改善财政资金的支出结构，有利于国有企业的战略性改革。在过程中可以学习到先进的技术和管理经验，提高基础设施建设效率，运营效率和财政资金运作效率。在采用 BOT 模式时，要注意选择合适的 BOT 融资范围，在积极发挥政府支持作用的同时，要规范管理和健全相关法律法规政策。

通过招标的方式向社会组织或企业购买服务也是一种较好的模式。鼓励市场化的专业机构提供服务，如养老服务公司。将购买费用纳入公共预算，与公共服务细化目录一起向社会公布，保证公共资源的合法使用。以南京市某区为例，据民政部门的测算，通过向养老服务公司购买服务，该区每年花 200 多万元为 5500 多名老人解决养老难题，等于建一个 5500 张床位规模的养老福利机构。如果由政府直接建养老机构，按照每张床位造价约 25 万元计算，5500 张床位的总造价 13.75 亿元，两种方式相差悬殊。[①] 因此，通过招标的方式向社会组织或企业购买服务，将购买"人"转变为购买"事"，能降低财政成本，提高公共服务的生产供给效率和专业化水平。

二　利用资本市场筹资

资本市场的本质功能是实现资金的合理配置，推动实体经济不断创造财富，进而使投资者分享新创造的财富。只有对资金进行投资运营才能确保其保值增值。当前全国住房公积金余额和地方社保基金累积结余大量资金，仅作为储蓄沉淀在银行内，由于利率常常低于通货膨胀率，造成年均收益率为负数，老百姓的这些"保命钱"不断贬值缩水，极大地损害了人民切身利益。如何合理投资，使这些资金实现保值增值，是优化基本公共服务资金配置的一个大问题。[②]

要充分利用商业银行提供信贷支持，用于基本公共服务。例如，政府可提供财政贴息、支持贷款担保或税收优惠等政策，引导商业银行和其他金融机构提供长期、稳定的信贷资金，投入到基本公共教育、社会保障与就业、基本医疗和公共卫生、公共基础设施等基本公共服务领域中，积极服务和改善民生，另外，积极争取国际金融组织贷款，这也是一种有效的融资方式。

---

① 王溥：《政府向社会组织购买公共服务研究》，北京大学出版社 2010 年版，第 25 页。

② 周幼曼、杨晋山：《以宏观思维解决基本公共服务均等化资金来源问题》，《中国审计》2013 年第 11 期，第 67—68 页。

　　中央政府可以发行基本公共服务专项金融债，用于基本公共服务的建设。在财政税收稳定增长的条件下，可允许地方政府（主要是省、直辖市和自治区一级）发行债券，以及符合条件的地方政府融资平台公司和其他企业发行企业（公司）债券、上市公司债券，拓宽地方政府的融资渠道，更加灵活地筹集资金，使其成为基本公共服务资金的一个有效来源。在加强监管的前提下，利用资本市场筹资。例如在保障性住房建设方面，支持保险资金、信托资金、房地产信托投资基金等投资保障性安居工程建设和运营。支持符合条件的省级政府以及计划单列市、省会城市、地级市政府融资平台公司进行廉租住房、公共租赁住房和棚户区改造融资。

　　建立社会事业投资基金也是一个筹集资金的方法。国外有较丰富的基础设施投资基金运作经验，从效果看，可以有效解决国家基础设施建设资金不足的问题，缓解政府过大的财政支出压力。我们可以借鉴国外的经验，由政府发起，投入适当的财政资金作为种子基金，吸引金融机构等机构投资者参加，建立起社会事业投资基金，该基金专门用于基本公共服务事业。基金可以通过发行社会事业发展债券的形式向民间募集资金，丰富资金来源。

结　语

本书各部分研究的主要内容有：

绪论部分主要阐述选题背景和研究意义、国内外文献综述、本书的主要内容和逻辑框架、研究方法及创新点。

第一章是本书研究的理论基础，界定了书中的基本概念，如基本公共服务、财政资金、国有资产等相关概念，明确基本公共服务均等化的理论依据以及国有资产管理相关理论。

第二章是中国基本公共服务资金需求测算。采用时间序列预测法，建立 ARIMA 模型对未来的数据进行预测。考虑到数据的可获得性，本书研究的基本公共服务以基本公共教育、社会保障和就业、基本医疗和公共卫生为代表，预测时间为 2015—2020 年。预测方法有两种：第一种是参考基本公共服务的国际标准来预测，并根据不同水平确定高标准、中标准和低标准。第二种是按我国基本公共服务财政支出的增速预测。

第三章是中国基本公共服务资金供给现状与预测。研究我国基本公共服务资金供给现状，并预测未来的供给量。首先对资金供给规模的绩效进行实证考察，其次分析资金供给存在的问题及影响因素，最后分别基于 GDP 和基本公共服务支出的关系、财政总支出和基本公共服务支出的关系预测 2015—2020 年基本公共服务的资金供给量。结合上章的资金需求量预测，计算出不同时期高标准、中标准和低标准下的资金供需缺口。

第四章对中国可用于弥补缺口的国有资金供给进行估算，指出可能的资金供给来源，如各类国有资产、主权财富基金、全国社会保障基金、社会保障资金、住房公积金、土地出让金等，提出将它们按一定比例投入基本公共服务，估计出大概能用于弥补资金缺口的财力。接下来提出国有资金包括财政资金运营存在的问题。

　　第五章是优化基本公共服务资金配置的国际经验借鉴，分析一些发达国家和发展中国家基本公共服务资金具体操作经验，并从财政资金投资模式、财政资金绩效预算管理和财政资金绩效审计三方面分析了国外财政资金优化配置的经验，总结出对我国的借鉴和启示。

　　第六章针对上文提到我国基本公共服务资金供需方面存在的问题，从构建全面统筹和整合国家综合财力资源的机制、促进基本公共服务均等化的财税体制改革以及创新资金筹集方式三大方面提出弥补我国基本公共服务资金缺口的思路。

　　通过研究，本书得出的结论有：

　　第一，基本公共服务资金需求方面，两种需求预测方法的结果差距较大。如果参照国际标准，仅以低标准（世界平均水平）来预测，我国基本公共服务资金需求在 2020 年将达到 227208.8 亿元；而按照我国财政支出增速预测，2020 年的这一需求仅为 81149.28 亿元，两者的差距高达 146059.52 亿元，即前者是后者的近 2.8 倍。从理论上来讲，我国目前已步入中等收入国家行列，但是对基本公共服务的资金支出不仅没有达到中等国家水平（即中标准），而且距世界平均水平还相去甚远。造成这一现象的原因是我国基本公共服务财政支出总量少、起点低。虽然近年来增速较快，但由于历史欠账多，基数较小，所以与世界水平相比差距还较大。基本公共服务标准要根据经济发展水平的提高而不断提高，而我国目前达不到世界平均水平，如果按照现在的财政支出增长趋势，到 2020 年也达不到世界平均水平。本书的这一研究结论解释了为何近年来国家不断加大基本公共服务财政资金投入，而居民依然诉求强烈，反映没有享受到充足的基本公共服务。

　　第二，基本公共服务资金供给方面，供给的规模绩效还不高，尽管我国政府加大了对基本公共服务的投入，但与其自身供给能力的增长相比，做得还远远不够，政府提供基本公共服务的潜在能力很强，我国基本公共服务的供给规模还需要以更大的幅度提高。

　　第三，基本公共服务资金供需缺口方面，参考国际标准预测出的结果是，到 2015 年，缺口最大将为 24.4306 万亿元，最小也会有 3.6841 万亿元缺口。到 2020 年，这个缺口最高将扩大到 52.4766 万亿元，最低将扩大到 7.4392 万亿元。而按我国各项基本公共服务财政支出增速测算出的结果是我国未来的基本公共服务供需不仅不存在缺口，而且还有盈余。这一研究结果表明，如果仅仅按照现在的资金增长速度，大量可用于投入基本公共服务的资金将不能充分利用，这些巨额盈余的存在表明政府未提供应有的资金量，会降低资金供给规模绩效。未来以更大规模加大财政资金投入，参照国际标准提高资金供给增速势在必行。

第四，本书通过简单估算，得出目前我国可用于基本公共服务的国有资金供给量为 41.0586 万亿元。提出国有资金包括现有的财政资金存在投资收益率低、投入基本公共服务的比例少、缺乏有效的财政资金绩效评价体系、现行的预算管理水平仍不健全等问题。

第五，提出弥补我国基本公共服务资金缺口的思路。其一，构建全面统筹和整合国家综合财力资源的机制方面，主要有：全面掌握国家资产负债情况；加速实施公共财政框架下全口径预算管理体系；完善国有资产和资源管理体制等。其二，财税体制改革方面，主要有：加大国家财政投入力度、优化财政支出结构；完善转移支付制度，促进地方政府财力和事权相匹配。其三，创新资金筹集方面，主要有：吸引民间资本、社会资本投入；利用资本市场筹资，建立社会事业投资基金等。

推进基本公共服务均等化意义重大、任务艰巨，其核心问题是资金问题。目前国内专门对资金问题进行深入、定量的研究较少，本书在这一领域进行了一些探索和尝试。由于写作时间仓促，本书对资金进行测算的方法还比较少，对我国可用于基本公共服务之财力可行性进行的估算也可能略显简单，这也是下一步需要改进和继续深入研究之处。受作者专业知识和学术水平的限制，书中难免存在疏漏与不足，欢迎各位读者批评指正。

参考文献

［1］《中国市级政府财政透明度研究》课题组：《中国市级政府财政透明度研究报告（2010—2011)》，清华大学公共管理学院 2012 年版。

［2］［印度］阿玛蒂亚·森：《论经济不平等/不平等之再考察》，王利文、于占杰译，社会科学文献出版社 2006 年版。

［3］［英］阿瑟·塞西·庇古：《福利经济学》（上卷），朱泱、张胜纪、吴良健译，商务印书馆 2006 年版。

［4］［英］埃德蒙·金：《别国的学校和我们的学校——今日比较教育》，王承绪等译，人民教育出版社 2001 年版。

［5］安体富、任强：《公共服务均等化：理论、问题与对策》，《财贸经济》2007 年第 8 期。

［6］［古希腊］柏拉图：《理想国》，郭斌和、张竹明译，商务印书馆 1986 年版。

［7］曾军平：《政府间转移支付制度的财政平衡效应研究》，《经济研究》2000 年第 6 期。

［8］陈昌盛、蔡跃洲：《中国政府公共服务：体制变迁与地区综合评估》，中国社会科学出版社 2007 年版。

［9］陈国良：《教育财政国际比较》，高等教育出版社 2000 年版。

［10］陈海威、田侃：《我国基本公共服务均等化问题探讨》，《中州学刊》2007 年第 3 期。

［11］陈婷、赵杨、熊军：《中国养老基金战略资产配置实证分析》，《宏观经济研究》2011 年第 10 期。

［12］崔万友：《日本社会保障制度及其发展演变》，《东北财经大学学报》2007 年第 1 期。

［13］［英］大卫·休谟：《人性论》，关文运译，商务印书馆 1980 年版。

［14］邓子基、徐日清：《财政收支矛盾与平衡转化问题》，厦门大学出版社 1987 年版。

［15］丁元竹：《科学把握我国现阶段的基本公共服务均等化》，《中国经贸导刊》2007 年第 13 期。

［16］［英］弗雷德·W. 弗尔德瓦里：《公共物品与私人社区》，郑秉文译，经济管理出版社 2007 年版。

［17］［英］弗里德里希·冯·哈耶克：《自由秩序原理》（上），邓正来译，生活·读书·新知三联书店 1997 年版。

［18］福建省财政科研所课题组：《建立财政能力均衡制度，推进基本公共服务均等化》，《财会研究》2008 年第 9 期。

［19］高培勇、张斌、王宁：《中国公共财政建设报告 2012》（全国版），社会科学文献出版社 2012 年版。

［20］高培勇：《实行全口径政府预算管理》，中国财政经济出版社 2009 年版。

［21］公共服务均等化课题赴美加考察团等：《加拿大和美国基本公共服务均等化情况的考察》，《宏观经济研究》2008 年第 2 期。

［22］顾明远、王承绪：《世界教育大系·英国教育》，吉林出版社 2000 年版。

［23］郭明伟、夏少刚：《资产定价理论发展动态简评》，《经济学动态》2009 年第 11 期。

［24］胡锦涛：《高举中国特色社会主义伟大旗帜为夺取全面建设小康社会新胜利而奋斗——在中国共产党第十七次全国代表大会上的报告》，人民出版社 2007 年版。

［25］胡锦涛：《坚定不移沿着中国特色社会主义道路前进为全面建成小康社会而奋斗——在中国共产党第十八次全国代表大会上的报告》，人民出版社 2012 年版。

［26］黄小娟：《我国农村社保资金筹措问题研究》，硕士学位论文，新疆财经大学，2008 年。

［27］贾晓俊、岳希明：《我国均衡性转移支付资金分配机制研究》，《经济研究》2012 年第 1 期。

［28］孔丘、孟轲：《论语·孟子》（上），内蒙古人民出版社 2010 年版。

［29］ 李洁静:《中国政府医疗保障财政责任研究》,硕士学位论文,南京财经大学,2011 年。

［30］ 李萍、许宏才:《中国政府间财政关系图解》,中国财政经济出版社 2006 年版。

［31］ 李扬、张晓晶、常欣等:《中国主权资产负债表及其风险评估》(上),《经济研究》2012 年第 6 期。

［32］ 李扬、张晓晶、常欣等:《中国主权资产负债表及其风险评估》(下),《经济研究》2012 年第 7 期。

［33］ 联合国开发计划署、中国(海南)改革发展研究院:《中国人类发展报告——惠及 13 亿人的基本公共服务》,中国对外翻译出版公司 2008 年版。

［34］ 梁朋:《国有资产管理体制改革的进一步探索》,《宏观经济研究》2004 年第 5 期。

［35］ 梁朋:《推进基本公共服务均等化必须改革财税体制》,《中国党政干部论坛》2012 年第 5 期。

［36］ 林治芬:《社会保障统计国际比较与借鉴》,《统计研究》2011 年第 10 期。

［37］ 刘尚希:《基本公共服务均等化:现实要求和政策路径》,《浙江经济》2007 年第 13 期。

［38］ 卢现祥、朱巧玲:《制度经济学》,北京大学出版社 2012 年版。

［39］ 吕炜、王伟同:《我国基本公共服务提供均等化问题研究——基于公共需求与政府能力视角的分析》,《财政研究》2008 年第 5 期。

［40］《马克思恩格斯全集》(第三卷),中共中央马克思恩格斯列宁斯大林著作编译局译,人民出版社 2002 年版。

［41］《马克思恩格斯全集》(第四十六卷上册),中共中央马克思恩格斯列宁斯大林著作编译局译,人民出版社 1979 年版。

［42］《马克思恩格斯全集》(第四十四卷),中共中央马克思恩格斯列宁斯大林著作编译局译,人民出版社 2001 年版。

［43］［英］马歇尔:《经济学原理》(下卷),朱志泰译,商务印书馆 1965 年版。

［44］ 孟子:《孟子全集》,古吴轩出版社 2012 年版。

［45］ 墨翟:《墨子全书》,中国长安出版社 2009 年版。

［46］〔美〕欧文·菲歇尔：《利息理论》，陈彪如译，上海人民出版社
1959 年版。

［47］乔宝云：《增长与均等的取舍——中国财政分权政策研究》，人民出
版社 2002 年版。

［48］〔古希腊〕色诺芬：《雅典的收入——增加雅典国家收入的方法》，
载《经济论·雅典的收入》，张伯健、陆大年译，商务印书馆 1961
年版。

［49］上海财经大学公共政策研究中心：《2013 中国财政透明度报告——
省级财政信息公开状况》，上海财经大学出版社 2009 年版。

［50］石国亮、张超、徐子梁：《国外公共服务理论与实践教育》，中国言
实出版社 2011 年版。

［51］世界银行：《中国：深化事业单位改革，改善公共服务提供》，《经
济研究》2005 年第 8 期。

［52］宋立根：《筹集资金来源，实现公共服务均等化目标》，《经济研究
参考》2008 年第 58 期。

［53］孙庆国：《论基本公共服务均等化的衡量指标》，《中国浦东干部学
院学报》2009 年第 1 期。

［54］王溥：《政府向社会组织购买公共服务研究》，北京大学出版社
2010 年版。

［55］王伟同：《公共服务绩效优化与民生改善机制研究》，博士学位论
文，东北财经大学，2009 年。

［56］王文童：《社会保障筹资模式及其税式管理问题的研究》，《税务研
究》2007 年第 4 期。

［57］王元京、阳曜：《完善地方政府融资模式的构想》，《宏观经济管
理》2011 年第 4 期。

［58］王泽彩：《财政均富论》，经济科学出版社 2008 年版。

［59］〔美〕西奥多·W. 舒尔茨：《人力投资——人口质量经济学》，贾
湛、施炜译，华夏出版社 1990 年版。

［60］〔法〕西斯蒙第：《政治经济学新原理》，何钦译，商务印书馆 1964
年版。

［61］项继权、袁方成：《我国基本公共服务均等化的财政投入与需求分
析》，《公共行政评论》2008 年第 3 期。

[62] 谢平、陈超：《论主权财富基金的理论逻辑》，《经济研究》2009 年第 2 期。

[63] 徐以升：《比较三份国家资产负债表》，《第一财经日报》2012 年 9 月 10 日第 A05 版。

[64] 许剑勇：《我国国有资产分类管理的思路与对策》，硕士学位论文，上海交通大学，2008 年。

[65] [英] 亚当·斯密：《国民财富的性质和原因的研究》（上卷），郭大力、王亚南译，商务印书馆 1972 年版。

[66] [英] 亚当·斯密：《国民财富的性质和原因的研究》（下卷），郭大力，王亚南译，商务印书馆 1972 年版。

[67] 杨之刚等：《财政分权理论与基层公共财政改革》，经济科学出版社 2006 年版。

[68] 姚红义：《完善中西部农村最低生活保障的思路与对策》，硕士学位论文，西北农林科技大学，2010 年。

[69] 余超：《关于我国财政资金动态使用问题的研究》，硕士学位论文，山西财经大学，2007 年。

[70] [美] 约翰·罗尔斯：《正义论》，何怀宏、何包钢、廖申白译，中国社会科学出版社 1988 年版。

[71] [英] 约翰·穆勒：《政治经济学原理及其在社会哲学上的若干应用》（上、下卷），赵荣潜、桑炳彦、朱泱等译，商务印书馆 1991 年版。

[72] 张强：《基本公共服务均等化：制度保障与绩效评价》，《西北师大学报》（社会科学版）2009 年第 2 期。

[73] 张瑞琰：《国有资本经营预算性质与管理研究》，博士学位论文，西南财经大学，2008 年。

[74] 张树国（点注）：《中华传世经典阅读·礼记》，青岛出版社 2009 年版。

[75] 张卓元：《政治经济学大辞典》，经济科学出版社 1998 年版。

[76] 赵永冰：《德国的财政转移支付制度及对我国的启示》，《涉外税务》2001 年第 1 期。

[77] 赵志耘、吕冰洋：《政府生产性支出对产出—资本比的影响》，《经济研究》2005 年第 11 期。

［78］郑功成:《当代社会保障发展的历史观与全球视野》,《经济学动态》2011 年第 12 期。

［79］本书编写组:《中共中央关于全面深化改革若干重大问题的决定辅导读本》,人民出版社 2013 年版。

［80］中共中央文献研究室:《中共中央关于推进农村改革发展若干重大问题的决定》,载《十七大以来重要文献选编》(上),中央文献出版社 2009 年版。

［81］中国(海南)改革发展研究院:《中国基本公共服务建设路线图》,世界知识出版社 2010 年版。

［82］中国财政学会"公共服务均等化问题研究"课题组:《公共服务均等化问题研究》,《经济研究参考》2007 年第 58 期。

［83］中华人民共和国财政部:《2013 年 1—12 月全国国有及国有控股企业经济运行情况》,财政部,http：//czzz. mof. gov. cn/zhongguo-caizhengzazhishe_daohanglanmu/zhonggu ocaizh engzazhishe_caikuaishi-jie/201401/t20140122_1038232. html,2014 年 1 月 22 日。

［84］中华人民共和国财政部:《关于 2013 年中央和地方预算执行情况与 2014 年中央和地方预算草案的报告(摘要)》,新华社,http：//czzz. mof. gov. cn/zhongguocaizhengzazhishe _ daohan glanmu/zhongguo-caizhengzazhishe _ caikuaishijie/201403/t20140307 _ 1053233. html,2014 年 3 月 5 日。

［85］中华人民共和国财政部:《关于完善中央国有资本经营预算有关事项的通知》,财政部文件(财企〔2010〕392 号),2010 年。

［86］中华人民共和国财政部:《国资委关于印发〈中央企业国有资本收益收取管理暂行办法〉的通知》,财政部文件(财企〔2007〕309 号),2007 年。

［87］中华人民共和国国家统计局:《中国统计年鉴 2011》,中国统计出版社 2010 年版。

［88］中华人民共和国国家统计局:《中国统计年鉴 2012》,中国统计出版社 2013 年版。

［89］中华人民共和国国务院:《国务院关于试行国有资本经营预算的意见》,国务院办公厅,http：//www. gov. cn/xxgk/pub/govpublic/mr-lm/200803/t20080328_ 32760. html,2007 年 9 月 8 日。

［90］中华人民共和国国务院：《国务院关于印发国家基本公共服务体系"十二五"规划的通知》，http：//www. gov. cn/zwgk/2012 – 07/20/content_ 2187242. htm，2012 年 7 月 20 日。

［91］中华人民共和国民政部：《民政部发布 2013 年社会服务发展统计公报 》，http：//www. mca. gov. cn/article/zwgk/mzyw/2014 06/20140600654488. shtml，2014 年 6 月 17 日。

［92］周幼曼、康珂：《基于财税体制改革的基本公共服务资金供给问题研究》，《中共浙江省委党校学报》2014 年第 1 期。

［93］周幼曼、杨晋山：《以宏观思维解决基本公共服务均等化资金来源问题》，《中国审计》2013 年第 11 期。

［94］周幼曼：《一些发达国家推进基本公共服务均等化的经验与启示》，《理论建设》2013 年第 4 期。

［95］Coase R. H. , "The Lighthouse in Economics", *Journal of Law and Economics*, Vol. 17, No. 2, 1974.

［96］Denison E. F. , *Sources of Economic Growth in the United States and the Alternatives before US*, New York：Committee for Economic Development, 1962.

［97］Ferris J. M. , Graddy E. , "Organizational Choices for Public Service Supply", *Journal of Law, Economics, and Organization*, Vol. 10, No. 1, 1994.

［98］International Institute for Management Development, *World Competitiveness Year Book* 2011, Switzerland：Lausanne Press, 2011.

［99］International Institute for Management Development, *World Competitiveness Year Book* 2014, Switzerland：Lausanne Press, 2014.

［100］International Monetary Fund, *Public Sector Debt Statistics：Guide for Compilers and Users*, Washington：International Monetary Fund, 2011.

［101］Klaus Schwab, World Economic Forum, *The Global Competitiveness Report* 2011 – 2012, Switzerland：SRO – Kundig, 2011.

［102］Lindahl E. , "Just Taxation—A Positive Solution", Musgrave R. A. , Peacock A. T. Classics in the Theory of Public finance, London：MacMillan, 1967.

［103］Lundsgaard J. , "Competition and Efficiency in Publicly Funded Services", *OECD Economic Studies* , No. 35, 2002.

［104］Pareto V. , *Manual of Political Economy*, London：Macmillan Publishers Ltd, 1927.

[105] Samuelson P. A., "Diagrammatic Exposition of a Theory of Public Expenditure", *The Review of Economics and Statistics*, Vol. 37, No. 4, 1955.

[106] Samuelson P. A., "The Pure Theory of Public Expenditure", *The Review of Economics and Statistics*, Vol. 36, No. 4, 1954.

[107] Schultz T. W., "Education and Economic Growth", *Social Forces Influencing American Education*, Chicago: 1961.

[108] Schwab K., *The Global Competitiveness Report* 2013 – 2014, Switzerland: SRO – Kundig, 2013: 9.

[109] SWF Institute, *Sovereign Wealth Fund Rankings*, http://www. swfinstitute. org/fund – rankings/.

[110] The United Nations Development Programme, *Human Development Report* 2013, New York: 2013.

[111] Tiebout C. M., "A Pure Theory of Local Expenditures", *The Journal of Political Economy*, Vol. 64, No. 5, 1956.

[112] Tsui K., "Local Tax System, Intergovernmental Transfers and China's Local Fiscal Disparities", *Journal of Comparative Economics*, Vol. 33, No. 1, 2005.

[113] World Bank, *Where is the Wealth of Nations? —Measuring Capital for the* 21st *Century*, Washington: The World Bank, 2006.

附录

相关研究成果

附录收录了作者在攻读博士期间公开发表的与本书主题相关，或涉及财政、财税体制改革等方面热点问题的学术文章，分别是：

[1] 财政危机的预防与治理——近代中国财政危机的启示（2012年）

[2] 一些发达国家推进基本公共服务均等化的经验与启示（2013年）

[3] 基于财税体制改革的基本公共服务资金供给问题研究（2014年）

[4] 推进人口城镇化的财税体制改革研究（2014年）

[5] 日本"以房养老"的窘境（2013年）

[6] 日本"水俣病"之灾留下的遗产（2014年）

财政危机的预防与治理[①]

——近代中国财政危机的启示

摘　要：财政危机极易转化为全面社会危机，危害巨大。基于财政危机的起源、传导及社会效应的理论分析，回顾近代中国晚清、北洋、南京政府的财政危机。以史为鉴，总结教训，结合当前财政形势，预防和治理财政危机，要做到明确税收中性原则，税制改革以减税富民为导向；促进税收负担合理化，寻求财政赤字弥补形式多样化；合理划分中央与地方财权，警惕地方政府债务风险；拓宽刚性支出资金来源，逐步优化财政支出结构；构建和谐稳定发展环境，财政政策适时"转型"。

关键词：财政危机；财政政策；减税；经济史

财政危机，简单地说就是国家财政长期入不敷出，陷入收支严重不平衡而引发的经济与社会的动荡和混乱状态。财政危机极易转化为经济和政治全面社会危机，危害极大。从现实来看，财政危机已经严重削弱了一些经济体的国际竞争力。2009 年以来，欧元区成员国由债务风险引发的财政危机，使欧元区面临自成立以来最严峻的考验，甚至使欧元区面临解体的危险。从历史上看，严重的财政危机往往是一个政权垮台的先兆。从晚清到民国，20 世纪中国三个政权（晚清、北洋、南京）倒台之前都经历了严重的财政危机。虽然近年来中国财政收入持续增长，但由于连续多年实施"积极的财政政策"，财政赤字和国债规模不断攀升。如果将地方政府债务、国有政策性银行债务、铁道部债务以及国有商业银行坏账包含在内，中国的债务风险值得警惕。对此，我们要未雨绸缪，积极预防财政危

①　本文 2012 年 10 月发表于《上海金融学院学报》2012 年第 5 期，第二作者为康珂。

机。以史为鉴，正确认识过去有助于更好地理解现在和筹划未来。近代中国财政危机影响深远，教训深刻，以现代经济学理论反思这段历史对今后预防和治理财政危机有重要的理论和现实意义。

一　财政危机的一般理论分析

预防与治理财政危机，首先要从理论上正确认识财政危机的起源、传导及社会效应。

（一）财政危机的起源

我国学术界目前对财政本质的认识还存在争议。但无论是"国家分配论"还是"公共财政论"都认为在国家存在的历史阶段，国家（政府）是财政分配的主体。为实现国家职能也好，为满足社会公共需要也罢，国家总是出于一定目的而集中一部分社会资源进行公共活动。财政要解决的问题就是如何获得和使用这部分社会资源。因此，财政活动总体上分为两个方面：财政收入与财政支出。"财政的本质寓于财政收支双方资金运动的数量关系之中。"[1]财政收入与支出的对立统一构成财政的主要矛盾。由于各种因素影响，在一个财政年度内，财政收支数量往往不等，经常出现支出大于收入，或收入大于支出的情况。如果财政支出持续大于财政收入，就会产生赤字风险。当赤字过大，风险积累到一定程度国家就无法正常运转，从而造成危机。可见，财政危机起源于财政收支矛盾。无论何种因素，只要使财政收支矛盾激化到一定程度就必然酿成危机。财政危机与社会制度无关，只要存在国家，财政危机就有可能发生。

（二）财政危机的传导

由于"国家是一种在某个特定地区内对合法使用强制性手段具有垄断权的制度安排"。[2]因此当危机出现以后，政府会利用其强势地位将危机向社会成员转嫁。财政危机一般不会直接表现为政府支付危机，而是表现为其他形式。在短期内支出刚性的形势下，政府增加财政收入、弥补赤字的方法只有三种：加税、举债、通货膨胀。税收是国家取得收入的主要形式，加税可以直接增加政府收入，但政治成本较高。在税收不济的条件下，举债可解政府燃眉之急。如果政府借债用于非生产性支出，那么根据李嘉图等价定理，举债和加税的效果是相同或等价的，最终还是由人民来承担。在纸币时代，由于政府掌握货币发行权，增发货币成为弥补赤字的一种隐形手段。货币增发引发通货膨胀，导致购买力从人民手中向政府转移，实际是政府掠夺民间财富。可见，财政危机一般表现为税负太重、债务危机和通货膨胀，这一系列过程产生了经济、政治和社会全面危机的趋势。财政危机的传导机制如图1所示。

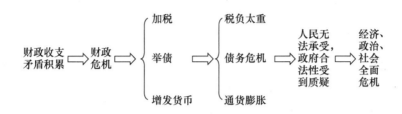

图1 财政危机传导机制

（三）财政危机的社会效应

财政危机的传导过程表明，危机会从政府传导至全社会。加税在政治上不得人心。中国历代农民起义一个很重要的原因就是税负太重。举债过多会降低政府信誉，不利于社会稳定。通货膨胀的危害更为严重，"它是这个世界上的头号窃贼……小偷、抢匪、贪官污吏等所掠走的财富加起来也比不上通货膨胀的祸害"。[3]财政危机极易转化为经济、政治和社会全面危机，危害极大。

二 近代中国财政危机回顾

从晚清到北洋，再到南京政府，近代中国的这三个政权无一摆脱财政危机的厄运。财政危机引发的社会危机是这些政权倒台的重要原因。

（一）晚清政府的财政危机

鸦片战争之前，鉴于前明灭亡教训，清政府以"量入为出"为原则，财政收支一直比较稳定，长期保持平衡并略有结余。鸦片战争后，随着外贸逆差扩大、白银大量外流、巨大的军费开支和战争赔款不断增加，清政府财政明显恶化。从镇压太平天国到甲午战败赔款，清政府财政遭到一再打击。镇压太平天国不仅消耗巨资，而且战争严重破坏清政府主要税源地。甲午战败使清政府从此深陷财政赤字。巨额财政亏空使户部银库的储银急剧下降，从1891年到1899年，清政府户部银库储银锐减63.5%，由1092125两骤降至398645两。[4]

清末新政一度使清廷财政收入迅速增加，但支出也同步大幅增加。到

1910 年，累计财政赤字已高达 8000 万两。随着中央财政日益吃紧，地方财政也几乎全面亏空。朝廷向地方要钱，地方只能加重盘剥百姓。庚子前后，一些省份甚至靠廉价拍卖官职弥补财政亏空，进一步加剧腐败。1911年，在财政危机无药可救的情况下，清政府大幅削减官兵俸禄。这一举措引起新军极大不满，直接导致武昌新军起义，引发辛亥革命。

（二）北洋政府的财政危机

北洋军阀统治时期，内战不绝，时局混乱，财政也一片混乱。在财政收入方面，地方军阀各自为政、为所欲为，大量截留税收，全国性的关税和盐税又为列强所控制，中央财政收入几乎断绝。在财政支出方面，持续的军阀混战使军费激增，债务又须按期还本付息，支出无法有效控制，赤字不断积累。由于北洋政府于 1914 年将全国货币统一为银元铸币，1915年取缔纸币，因此不能通过通货膨胀来弥补赤字，在税收被军阀和列强宰割的情况下，只能靠大举借债。一是滥举外债。向英、法、德、俄、日"五国银行团"的一笔善后大借款就高达 2500 万英镑，合银元约 2.5 亿元。二是不顾政府信誉，滥发内债。三是求助银行，滥借高利贷。[5]

在北洋政府统治的 15 年中各年度财政预算数可资参考的只有五年，如表 1 所示。这五年，仅 1914 年有微小盈余，其余各年均是赤字累累。政府财政可以说是拆东墙补西墙，全靠内外债和银行借款维持。无休止的债务和借款让政府信誉扫地，完全无法抵御得到江南财团巨大支持的蒋介石集团。

表 1　　　　　　　　　北洋政府财政盈亏情况　　　　　　单位：百万银元

年份	1913	1914	1916	1919	1925
预算盈（＋）亏（－）	－308.3	＋0.4	－40.5	－56.3	－172.8

资料来源：杨荫溥：《民国财政史》，中国财政经济出版社 1985 年版，第 3 页。

（三）南京政府的财政危机

南京政府虽然在形式上统一了中国，但政权一直不稳，财政赤字始终存在，危机不断加深，由财政危机转化的社会危机让国民党政权人心尽失。前期十年（1927—1936 年）由于内战财政支出不断膨胀，赤字日益庞大。赤字占财政支出的比重 1927 年为 48.7%。1928—1933 年大体徘徊在 20%，1934—1936 年亏空就相当严重了。抗战期间（1937—1945 年），财力耗费急剧上升，而国统区缩小，税源萎缩，南京政府无法平衡财政收支，赤字急剧上升。赤字占财政支出的比重每年都在 70% 以上，最高的 1941 年达到 88.2%，末期 1945 年财政支出 12150.89 亿元，收入仅 1500.65 亿元，两者相差 8 倍之多。政府每收入 1 元的同时就要花费 8 元，危机程度可想而知。抗战胜利后（1945—1949 年）南京政府接收大量敌伪资产，但财政危机不但没有减轻，反而加重了。全面内战使军费剧增，赤字直线上升。1948 年仅 1—7 月，赤字是 1945 年的 408 倍，财政走向崩溃。[5]

　　同样是面临巨额赤字，与北洋政府不同的是，纸币化改革后的南京政府实行的是以通货膨胀为核心的货币化赤字政策。法币发行额连年暴增，1948 年 8 月膨胀到 6636946 亿元，是战前的 47 万倍。[6] 恶性通货膨胀带来物价疯狂上涨，如表 2 所示。财政危机引发金融危机，进而导致经济全面崩溃，人民生活极度恶化，国民党政权迅速垮台。

表 2　　　　　　　　法币发行与上海、重庆批发物价指数

时间	法币发行额 （亿元）	发行指数	上海批发 物价指数	重庆物价 批发指数
1937.06	14.1	1	1	1
1945.12	10319	732	885	1405
1946.12	37261	2642	5713	2688
1947.12	331885	23537	83796	40107
1948.08	6636946	470705	4927000	1551000

　　资料来源：刘克祥、陈争平：《中国近代经济史简编》，浙江人民出版社 1999 年版，第 665 页。

三　教训与启示

　　财政问题事关治国安邦，强国富民。它不仅是一个经济范畴，而且是一个政治范畴。清政府财政危机处理不当引发新军起义，成为辛亥革命的导火索。北洋政府因财政危机大肆借款，致使政府信誉扫地，败于得到江浙财团支持的蒋介石集团。南京政府的赤字货币化政策使财政危机转化为金融危机，进而导致经济总崩溃，以致国民党政权人心尽失，在大陆迅速覆亡。可见，财政危机的预防与治理对政权稳定和社会长治久安影响巨大。近代中国财政危机的教训为我们留下深刻启示。

（一）明确税收中性原则，税制改革以减税富民为导向

极端非中性化税收政策侵蚀税基、扭曲市场是近代中国财政危机的重要原因之一。如南京政府在抗战时期将"统税"扩大课征范围改为"货物税"，征税对象极为广泛烦琐，无物不在征课之列。本来战时商品流通就极为不便，百姓生活十分困窘，货物税一方面为垫付税金的厂商带来周转困难，另一方面转嫁到消费者身上使人民生活更加艰难，最终加剧商品短缺，人民苦不堪言。税收中性原则包含两层含义：第一，政府征税使社会付出的代价以税款额为限，尽可能不给纳税人或社会带来其他额外损失或负担；第二，政府征税应避免对市场经济正常运行的干扰，特别是不能使税收成为超越市场机制而成为资源配置的决定因素。[7]和西方经济自由的传统不同，我国是转轨国家，西方市场经济面临主要问题是干预不足，而我国则是干预过度。在这一背景下，避免滥用政府干预对市场机制形成扭曲，明确税收中性原则在我国有重要实践意义。

自1994年分税制改革以来，中国税收已连续十几年保持高速增长。多年来，国家财政收入增速远高于同期 GDP 和居民收入增速。国家统计局发布的《2011 年国民经济和社会发展统计公报》显示，2011 年我国公共财政收入增长 24.8%，是同期 GDP 增速的 2.7 倍、城镇居民实际可支配收入增速的 3.0 倍。长此以往，经济发展的动力势必受到影响。在中央财政已积累较大财力的背景下，税制改革应顺应民意，以减税富民为导向，坚持"简税制、宽税基、低税率、严征管"的道路。逐步增加初次分配中劳动者报酬和企业营业盈余的份额，让国民同步享受经济发展成果。

（二）促进税收负担合理化，寻求财政赤字弥补形式多样化

税收负担过重不利于政治稳定与社会和谐。中国历史上绝大多数民变的主要原因之一就是苛捐杂税导致民不聊生。财政危机下的近代中国税负之沉重更是超乎想象。清末有识之士指出"按油米柴豆，皆日用必需之品，万不可叠加捐税，以困民生"，而当时的税收负担已经达到了"每挑米纳收二碗"，无事不捐的癫狂程度。[8]北洋政府的地方军阀更是随意开征各种税，甚至预征未来年份的税，丝毫不在意民心得失，仿佛把自己当作强盗，而不是统治者。这种"竭泽而渔"式的筹款手段严重侵蚀税基，

最终使政府得不偿失。

从整体上看，目前我国的税基和税率都定得较高，税收负担较重，纳税人义务与权利不对等的现象十分突出。名目繁多的税种看似与普通百姓无关，实则通过间接税的形式全部转嫁到消费者身上。政府税收最终全部来源于居民创造的财富，税收增速常年大幅高于居民收入增速本身已说明居民税负较重。改善国民收入分配格局，政府应还利于民，加大结构性减税力度，为企业和居民减负，激发居民创业热情。弥补财政赤字要破除短见束缚，树立战略思维，不能简单地进行加税或借债。拓宽税基，扩大财源应是财政赤字弥补的主要形式。大力发展民营经济，增加国民收入是拓宽税基的重要途径。

（三）合理划分中央与地方财权，警惕地方政府债务风险

近代中国，由于连年战乱，中央对地方的控制减弱。尤其是北洋政府时期，地方形成财政割据。地方政府不重视财政预算，支出毫无节制。有的地方根本不上报财政预算，中央也就无法编制全国的预算。袁世凯统治时期，各地财力一度被中央集中。但袁世凯死后，中央财政的主导地位彻底崩溃，财政从上到下出现了历史上最混乱的时期，出现财政危机也就不足为奇。近代中国地方财权过大，而计划经济时代中央财权过分集中，这两种极端皆不利于经济社会发展。要根据财权与事权匹配的原则合理划分中央与地方财政，根据政府职能转换对财政职责范围重新界定，改变现存的错位、越位、缺位的状况，形成中央地方职责明确、支出各有侧重的格局。

无论是晚清政府、北洋政府还是南京政府，都发行大量公债，导致偿债负担太重，政府债信大为降低，失去人民信任。南京政府在税收不济、公债无人问津的情况下，只好通过滥发纸币来解决财政危机，导致经济全面崩溃。防范政府债务风险应该未雨绸缪，将风险遏制在萌芽状态。目前我国掌握了大量外汇储备，外债压力很小。主要是国内地方政府债务风险值得警惕。地方债的规范性较差，可能造成公共风险。财政部门要根据地方实际情况确定筹资方案和还款计划，并定期对已有的政府债务进行分析和督促，确保政府债务按时偿还。债务资金投资决策应受到严格约束，明确项目负责人的管理任务和偿债责任，加强偿债能力分析，将负债控制在一定比例。另外，地方政府债务应通过建立债务准备金制度保证偿还有稳定的资金来源。

（四）拓宽刚性支出资金来源，逐步优化财政支出结构

从晚清到民国，政府财政支出刚性特征十分明显。晚清最大的支出项目是偿还战争赔款。对于民国来说，军费和债务费是最主要的开支。南京政府的财政智囊对于物价稳定的重要性也是十分清楚的，但军费是无法拒绝的刚性开支，万般无奈之下只好饮鸩止渴，将赤字货币化，最终酿成全面危机。2009 年以来的欧洲主权债务危机同样是因为希腊等国政府面临无法拒绝的刚性支出：脱离经济发展水平的高社会福利。希腊没有足够的财力负担如此高的社会福利，但一旦政府削减社会福利，就会马上遭到选民抛弃，为争取选票，历任希腊政府只好举债支付高额社会福利。2000—2009 年希腊中央政府债务总额占 GDP 的比重如图 2 所示。如果刚性支出没有稳定的资金来源，政府极易被拖垮。

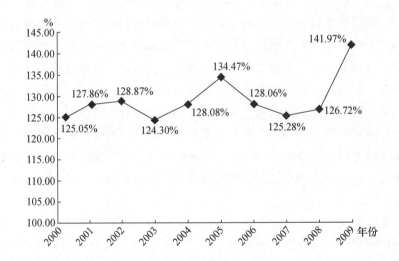

图 2　2000—2009 年希腊中央政府债务总额占 GDP 的比重

资料来源：世界银行：世界发展指标（World Development Indicators）。

我国当前面临的一个主要刚性开支就是不断增长的基本公共服务支出。面对呼声不断高涨的基本公共服务均等化诉求，摆在面前的一个难题是：没有充足的资金来源。要破解这一难题，充分利用国有企业利润和资本市场是一个很好的选择。首先，国有企业上缴利润应成为税收之外基本公共服务主要资金来源。应建立专门的国家基本公共服务账户，保障国企上缴利润全部用于提供基本公共服务。其次，充分利用资本市场，使基本

公共服务资金保值增值。目前全国社保基金投资收益十分明显，远远高于同期通胀率。而全国住房公积金余额和地方社保基金累计结余资金共 4 万多亿元作为储蓄沉淀在银行内不断贬值缩水。未来可聘请专业理财团队进行组合投资，在确保资产安全的基础上追求最大化收益。同时，财政支出结构应逐步优化，限制行政支出膨胀，新增财政收入应更多用于提供基本公共服务。

（五）构建和谐稳定发展环境，财政政策适时"转型"

从晚清到民国，政府对内维稳、对外战争造成军费激增，赤字累累，财政趋于崩溃的教训非常深刻。构建和谐稳定的发展环境对制定科学的财政政策至关重要，包括两方面内容：一方面是和谐稳定的国家内部环境。当前我国居民的民生诉求大于民主诉求，财政政策要在民生领域发挥重要作用。健全并公平地分配基本公共服务，保护弱势群体利益，拓宽国民表达利益诉求途径，促进社会和谐稳定。另一方面是和平稳定的国际环境。中国目前处在有史以来发展最快的阶段，发展机会来之不易，要积极争取和平稳定的周边环境。

无论是扩张性还是紧缩性财政政策，都有它的适用前提和范围。从历史经验看，没有任何一个国家可以长期实施扩张性财政政策而不付出代价，近代中国财政危机就是典型案例。我国已连续多年实施"积极的财政政策"，未来要预防制度惯性，根据经济形势变化，财政政策在合适的时机逐步"转型"。实施过程首先要对政治经济形势做出准确的判断，审慎操作，防止大起大落。其次要平衡好短期扩张与长期风险之间的关系，及时评估各种情形下政府的财政风险，制定稳健的中长期财政计划。

参考文献：

[1] 邓子基、徐日清：《财政收支矛盾与平衡转化问题》，厦门大学出版社 1987 年版，第 15 页。

[2] 卢现祥：《西方新制度经济学》，中国发展出版社 1996 年版，第 159 页。

[3] ［美］唐·帕尔伯格：《通货膨胀的历史与分析》，孙忠译，中国发展出版社 1998 年版，第 1 页。

[4] 周育民：《晚清财政与变迁》，上海人民出版社 1991 年版，第 317 页。

[5] 杨荫溥：《民国财政史》，中国财政经济出版社 1985 年版。

［6］刘克祥、陈争平：《中国近代经济史简编》，浙江人民出版社 1999 年版，第664 页。

［7］梁朋：《公共财政学》，中共中央党校出版社 2006 年版，第 72 页。

［8］鲁子健：《清代四川财政史料》（上），四川省社会科学院出版社 1984 年版，第729 页。

一些发达国家推进基本公共
服务均等化的经验与启示[①]

摘　要：我国正处在推进基本公共服务均等化的关键时期，发达国家的实践经验值得认真总结和借鉴。通过考察英、美、德、日等发达国家在基本公共教育、社会保障和基本医疗卫生领域实现基本公共服务均等化的实践，总结了它们在实现路径、转移支付具体形式和资金来源等方面的若干经验。促进基本公共服务均等化，我国要选择适合国情的均等化模式；着力培育地方政府税源；完善转移支付制度；适时提高基本公共服务标准；协调推进政治、经济和社会体制整体改革。

关键词：基本公共服务均等化；发达国家；经验借鉴

实现基本公共服务均等化任务艰巨，意义重大。2012 年出台的《国家基本公共服务体系"十二五"规划》解释说明了基本公共服务的内涵和范围。中共十八大报告明确提出我国要在 2020 年总体实现基本公共服务均等化的目标。基本公共服务是建立在一定社会共识基础上，由政府主导提供的，与经济社会发展水平和阶段相适应，旨在保障全体公民生存和发展基本需求的公共服务。享有基本公共服务属于公民的权利，提供基本公共服务是政府的职责。基本公共服务均等化，指全体公民都能公平可及地获得大致均等的基本公共服务，其核心是机会均等，而不是简单的平均化和无差异化。虽然近年来我国基本公共服务水平和均等化程度显著提高，但与发达国家相比还有较大差距，与人民群众的要求也有一定差距。目前，绝大多数发达国家已经打破种族、地域、城乡等差别实现了基本公

---

①　本文 2013 年 8 月发表于《理论建设》2013 年第 4 期。

共服务均等化，建立了较完善的基本公共服务体系。他山之石，可以攻玉。总结和借鉴发达国家经验，可为我国提供思路和参考，对我国建立健全基本公共服务体系，尽快实现基本公共服务均等化具有重要现实意义。

一 一些发达国家的实践

基本公共教育、社会保障和基本医疗卫生是我国居民当前最关心、需求最迫切的三项基本公共服务。它们反映了人们最直接、最现实、最迫切的利益诉求，是基本公共服务的核心内容。本文主要考察英、美、德、日四个国家这三项基本公共服务的经验。

（一）基本公共教育

1. 英国

19 世纪以前，英国的教育主要由教会负责。进入 20 世纪后，英国逐步加强对教育的政府干预。1902 年、1944 年和 1988 年英国相继出台三部教育法案，根据经济社会发展逐步完善基本公共教育体系。1902 年教育法创立了英国公立中等教育制度，改变了中等教育是贵族特权的观念。1944 年教育法使英国形成初等教育、中等教育和继续教育相互衔接的国民教育制度，规定由地方教育当局资助的中等学校一律免费。1988 年进一步推进基本公共教育均等化，在全国实行统一课程，学生入学实行全国统一考试，让家长自由选择送子女到哪个学校就读。此举将政府资助与学校竞争相结合，无论是中小学还是高等院校，只有通过提高办学质量才能吸引学生。从 2006 年起，英国改革了国家向地方政府教育拨款的办法。划拨给学校的教育经费以专用资金的形式由英国教育部直接发放到地方，不再通过地方财政管理系统，以保证全部用于学校预算支出。

2. 美国

美国历届政府都十分重视教育公平和质量。由于实行联邦制，各个州义务教育的年龄略有不同，从 5—8 岁开始到 14—18 岁结束。凡是在美国合法居留的人，都享有接受义务教育的权利。甚至非法居留者的子女，也不会被排斥在公立中小学的大门之外。美国基本公共教育最突出的特征是学校课程、资金、教学等政策由当地选出的教育委员会确定。教育委员会受州立法机关的指令，对学区有管辖权。学区独立于当地行政辖区，有着独立的行政人员和预算，实行独立管理。而教育标准和标准化考试通常由州政府决定。基本公共教育资金主要来源于财产税，地方政府投入占

90% 以上。由于各州财产税收入有所不同，因此教育投入也存在差异。许多州以均衡拨款的方式分配对地方学区的拨款补助，让学区不论贫富都能得到大致相同的生均经费。美国制定了一系列配套法律，保证和促进了基本公共教育的实施。如《义务教育法》、《中小学教育法》和《初等和中等教育法》等。2001 年的《不让一个孩子掉队》（No Child Left Behind）法案使州和学区从联邦政府那得到更多的资助，2007 年国会重启"先行计划"（Head Start Project），为更多贫困家庭的儿童提供学前教育。

3. 德国

德国是现代义务教育的起源地。1619 年，德意志魏玛公国率先规定父母必须送 6 岁至 12 岁的儿童入学。1763 年普鲁士国王签署世界上第一部《义务教育法》。19 世纪普鲁士王国统一德意志，并在普法战争中战胜法国。很多人把战争的胜利归功于实施了半个世纪的义务教育。从此欧洲各国纷纷仿效德国实施义务教育。悠久的教育传统也被认为是德国科技创新能力强的根源。1990 年，两德统一后，义务教育的年限定为 12 年（6—18 岁）。联邦各州对教育有充分的自主权，义务教育经费主要由各州和地方政府承担。为实现基本公共教育均等化，德国政府采取中央对州、州对市镇纵向转移支付和州际横向转移支付等财政手段，保证全体国民享有均等的基本公共教育服务。

4. 日本

日本 1947 年实施《基本教育法》规定国民享受 9 年免费义务教育。文部科学省统管全国教育发展规划、教育课程标准、教育改革方向，对地方教育事业发展予以资助，具体实施基本上由市、町、村政府负责。中央财政承担了全部义务教育半数以上的经费，包括学校基本建设费、图书经费、教师工资、全部的教科书经费等。从财政投入到政策制定都力图保证校际均等。例如，法律规定，一个教师在同一所学校连续工作不得超过 5 年，校长任期两年，不能在本校连任，需在校际之间轮换，以保障基本公共教育均等化。无论规模和学生数，所有公立学校的基础设施都大体相同。为避免因经济发展水平不一而造成的不公平，1954 年，日本还颁布了《边远地区教育振兴法》，保障落后地区的教育发展。

（二）社会保障

1. 英国

英国是福利型社会保障制度国家的代表。1572 年，英国开始征收济贫税，1601 年颁布《济贫法》，这是西方国家政府承担社会保障责任的起源。20 世纪 30 年代，英国发表的《贝弗里奇报告》提出福利国家的概念，形成了英国福利国家模式。随后，西欧、北欧的一些国家也纷纷建立福利国家，并由此派生出以瑞典为代表的"斯堪的纳维亚模式"。英国的社会保障体系内容全面，主要包括国民保险、国民医疗保障、社会救助和福利津贴等内容。国民保险计划包括养老保险、失业保险、疾病保险、工伤保险、生育保险及家庭收入补助等，只要预交一定的保险费用，16 岁以上公民都可以享受这种保险。社会救助主要包括负所得税、住房补助、基本收入维持和社会基金。社会福利包括儿童和孕妇福利、伤残或者疾病福利、退休福利、寡妇福利、失业福利、低收入人士福利和社会基金。英国的社会保障制度充分体现了社会保障的均等化与普遍性，但由于福利支出迅速增长，政府财政负担过重。因此，布莱尔政府进行了一定程度的福利改革，如实施"从福利到工作"的新政，加大对教育和培训的投资等。另外，英国社会福利资金来源多样，由政府、企业及个人共同承担，私有化的保险公司为居民提供了很多选择。

2. 美国

20 世纪 30 年代的经济危机促使美国政府建立社会保障制度。美国的社会保障制度类似于德国，属于社会保险型模式，以社会保险为核心，费用由个人、企业和国家共同分担，强调个人和企业的责任，给付与缴费、收入相联系。社会保障体系主要包括社会福利和社会保险。社会福利主要是为所有社会成员提供最小限度的健康和社会支持。特别是针对低收入和贫困阶层进行救助，如以老人和残障人为对象的补充收入保障，以及食物补贴计划等。主要由州政府承担主要的事权，联邦政府会设立补贴标准，提供财源。社会保险主要是人们按照所投保险项目获得的福利和服务，通常包括退休养老金、伤残保险、遗属抚恤金、失业保险等内容。社会保险工薪税是社会保障资金的稳定来源，对职工和雇主或仅对雇主征收。主要用于职工老年退休、遗属抚恤、残废和健康保险及失业救济金等。养老保险相应的税款由取得工资收入的职工和雇主各负担一半，自营者全额承担。失业保险的事权归州政府承担，该部分对应的税款只对雇主征收。联邦政府提供适当的补助，保证各州政府提供的服务水平能大致均等化。

3. 德国

19 世纪 80 年代，俾斯麦政府颁布工伤疾病养老等社会保险法律，确立了互助共济责任分担机制，形成以社会保险制度为核心的现代社会保障制度，为世界各国的社会保障制度建设提供了示范。德国的社会保障体系包括社会保险、社会补偿、社会救济和社会福利四方面，其中社会保险是主体，包括主要的医疗保险、养老保险、失业保险，以及辅助的事故保险、护理保险。德国的社会保障制度以全民覆盖为目标，同时强调公民的自助性和社会保障制度中权利和义务的对等。例如，法定养老保险具有强制性，养老金的数量同其缴费的多少及时间长短有一定联系。从事家庭劳动的女性在社会保险中的权益得到重视，养老金中专门设有妇女养老金，规定年满60周岁，完成了15年缴纳期的妇女有权利享受妇女养老金。除了社会保险之外，还有各种社会补偿、社会救济和社会福利，为低收入者、残疾人、多子女贫困家庭等弱势群体提供包括住房在内的各种补贴。

4. 日本

日本于第二次世界大战后颁布《社会保障制度审议会设置法》，为社会保障制度的建立提供法律依据。此后通过一系列立法，逐步确立了生活保护制度、社会福利制度、失业保险与劳动灾害（工伤）保险制度、全民医疗保险制度、养老保险制度等，到1961年就实现了"国民皆保险、国民皆年金"的社会保障体系。日本的社会保障制度以社会保险为核心，包括医疗保险、养老保险、雇佣保险、灾害补偿保险等项目。此外还有对弱势群体的社会救济，对长者、儿童和残疾人的社会福利，为预防传染病向国民提供的公共卫生和医疗保健。20世纪90年代以来，由于生育率下降，人口老龄化问题严重，日本社会保障的重点转向以普及和改善养老保险、医疗保险为中心，重点关注老年人的生活和医疗保障，以及增加对儿童福利的投入，减轻人们生育和抚养孩子的负担。由于经济长期停滞，日本社保资金出现缺口。2012年，日本政府确定了以提高消费税率为主的社会保障与税制一体化改革大纲，拟在2014年将现行5%消费税率提高到8%，2015年再提高至10%。每年多征的消费税收原则上将全部用于养老、医疗、育儿等社会保障，以弥补资金缺口。

（三）基本医疗卫生

1. 英国

英国于1948年开始实施《国民医疗服务法》，建立国民医疗保健系统（National Health Service，NHS），其核心是政府包办，推行全民免费的医疗制度。该体系以高度公共化、公平性和福利性闻名。经费的主要来源是税收，也有部分来自私人保险。医疗服务覆盖全面，不以患者收入而以需要为基础，医疗标准的提供对全体国民一视同仁，真正实现了均等化。但随着人们医疗需求的扩大，英国模式逐渐暴露出效率低的问题。如人们常把小病当大病看，造成医疗资源浪费。病人从进社区诊所到最终上医院看病，等待时间长达数月。体系庞杂、机构臃肿造成 NHS 开支巨大，财政负担沉重。另外，缺乏竞争也造成医疗质量下降。为提高效率并削减开支，2011 年，英国推行新医改。内容主要是：撤销 151 家初级卫生保健信托机构（PCTs），600 亿—800 亿英镑的医疗保健基金将转移到由全科医生组成的联盟中，从 2013 年起，全科医生联盟将管理 NHS 预算，负责为患者安排就诊医疗，购买医疗设备和护理服务等。整个运作过程由一个新设立的 NHS 委员会监管。撤销英格兰地区的 10 家卫生战略管理局（Strategic Health Authorities，SHAs），建立新的 NHS 委员会代行其职责。引入竞争机制，鼓励私营医疗机构参与 NHS 体系提供医疗服务。

2. 美国

与英国不同，美国的医保体系以商业医疗保险为主，是唯一未提供全民医疗保险的发达国家。医疗服务供给以私立医疗机构为主。政府通过医疗照顾计划（Medicare）补贴长者和残疾人，通过医疗补助计划（Medicaid）补贴低收入者，通过儿童医疗保险计划（Children's Health Insurance Program，CHIP）补贴儿童。美国的医疗制度充分尊重了患者的自主选择，保障了医疗服务的竞争。在美国，通常雇主都会为雇员购买医疗保险。如果企业福利水平高，雇员就可获得较好的医疗保障；反之，医疗就无法得到保障。15%—20% 的美国居民没有任何医疗保险，这正是奥巴马推行新医改的主要原因。新医改的核心问题就是要扩大医保覆盖面。规定国民必须购买医疗保险，无法负担者将获资助。医保范围可涵盖 95% 的美国公民。另外，加强对商业保险的监管，规定保险公司不得因投保者有过往病史而拒保或收取高额保费，不得对投保人的终身保险赔付金额设置上限。政府通过一定的补贴，鼓励非营利性医疗保险的发展。

3. 德国

德国的基本医疗和公共卫生方面起步较早，1883 年，俾斯麦政府通过《疾病保险法》，成为世界上第一个建立社会医疗保险的国家。医疗服务的供给以私立医疗机构为主，国家通过推行强制性健康保险计划筹集大部分医疗费用。德国现行的医疗保障制度体系包括法定医疗保险、法定护理保险、私人医疗保险和针对特定人群的福利型医疗保障等。法定医疗保险是主体，覆盖了90%以上的人口。法定护理保险主要用于因伤病或者残障事故导致在日常生活中需要他人持续照顾的人员的医疗护理和生活服务费用。这两者的资金都来源于雇员和雇主按一定收入比例的缴费。法定保险实行"一人保全家"的原则，即一人保险，全家受益，没有工资收入的配偶和子女同样可以享受免费医疗的待遇。私人医疗保险主要是针对收入超过一定标准的人群。福利型医疗保障主要针对享受工伤保险待遇和社会救济对象、战争受害者、公务员、警察和联邦国防军等特定对象，其医疗服务费用直接由政府承担。

4. 日本

日本的医疗保障制度体系以社会保险为主，主要由雇员健康保险制度、国民健康保险制度和特殊行业健康保险制度以及老年卫生服务计划和私人医疗保险制度组成。雇员健康保险有两类，分别由企业和政府管理。企业管理的健康保险机构负责管理大企业（固定员工达到700人以上的企业可设立一个健康保险机构）员工的医疗保险，政府管理的健康保险机构负责管理中小企业员工的医疗保险。国民健康保险覆盖农民、个体经营者、失业者和退休人员以及家属，在1960年就实现全覆盖。国民健康保险由地方政府负责管理，保险费的缴纳标准根据不同收入水平确定，中央和地方政府给予一定的补贴。特殊行业雇员健康保险主要是针对四类人群，即海员、中央与地方公务员、私立学校教师等。这三种社会医疗保险制度覆盖了所有居民，实现全民都有医疗保险。资金主要来源于税收、雇主和雇员缴纳的医疗保险费、财政补贴。但不同的保险方案要求个人付费的比例不同。雇员健康保险规定，90%的门诊以及住院医疗费用由保险机构支付。针对老龄化，日本于1973年规定70岁以上老人享受免费医疗。在接下来的30年里日本多次修改完善国民健康保险法，现在，日本所有被保险人及其家属负担的医疗费用不超过30%。日本重视预防保健和健康促进工作，广泛提供社区公共卫生服务。针对人口老龄化，社区卫生服务更多地为老年保障提供服务，如福利院护理、家庭访问护理、老年人保健咨询服务等。

二 发达国家的主要经验

实现基本公共服务均等化，是所有现代文明国家共同的价值和政策取向。我国正处在推进基本公共服务均等化的进程中，发达国家的实践经验值得我们认真总结，尤其在均等化具体路径、转移支付具体形式、基本公共服务资金来源这三方面。

（一）各国基本公共服务均等化的具体路径

首先，从公共服务提供中政府和市场的关系来看，均等化模式可分为两种。

一种是以美国为代表的市场主导型基本公共服务均等化模式。这种模式坚持以市场为主导，在公共服务中引进竞争和激励机制，更加强调社会成员的自主性和权利与义务的对等。例如，在社会保障体系中，社会保险占主要部分，加上企业养老金和商业保险共同构成，被保人及其雇主以社会保障税的形式缴纳保险费作为保障资金。在基本公共服务供给领域鼓励竞争，通过引入私营部门打破政府供给基本公共服务的垄断地位，由消费者自由选择公共服务供给者，促进供给者之间的相互竞争，提高供给效率。

另一种是以英国和北欧为代表的全面公平的基本公共服务均等化模式。这种模式以国家为主体，实现全民的普遍保障，有着较高的福利水平的目标要求。坚持政府在提供公共服务方面的主导作用，公共服务支出所占政府支出比重较高。义务教育和医疗卫生等方面的服务提供的资金来源均主要来自政府。同时，也重视市场化改革对公共服务水平的改善，基本公共服务提供主体多元化。

其次，从各国的基本公共服务均等化的实现模式看，大体可分为人均财力均等化、财政支出需求均等化和财政收支均等化三种模式。

人均财力均等化主要以标准收入能力为衡量指标，德国主要采用这种模式。不同地区往往财政收入能力不同。人均财力均等化力图通过转移支付等方式使不同地区的人均财政收入趋于一致，来实现不同地区能享有均等的基本公共服务。政府根据各地财政收入状况计算标准财政收入，对不同地区的实际财政收入和标准财政收入进行比较，通过中央对地方、地方对地方进行转移支付弥补实际财政收入低于标准财政收入的地区，由此使各地形成大体均等的财力，进而向居民提供大体均等的公共服务。

财政支出需求均等化以财政支出需求为核心，通过实现人均财政支出的大体相同，来实现人们享有均等化公共服务的目标。这种均等化模式比较复杂，需大量信息以及设置合适的参数，考虑到人口、社会环境和自然环境等多方面因素对支出需求的影响，才能准确地测算出各级政府履行各项职能所需的标准人均财政支出。然后，计算出各地区实际人均财政支出与标准人均财政支出间的差额，以此来确定所需的转移支付额。

财政收支均等化模式同时兼顾人均财力与财政支出需求。在通过模型确定政府间转移支付资金的分配时，要测算出各地区标准财政收入能力和经过差异系数调整的标准财政支出需求，然后以人均标准财政收支间的缺口作为确定拨款数额的依据，同时也保留专项补助作为特殊调节手段。英国、日本和澳大利亚等国采用的是财政收支均等化模式。例如，澳大利亚的财政均衡采用公式化因素法，综合考虑各州的标准财政收支具体情况的差异，在收入与支出两方面建立均等化转移支付标准，使各州政府的财政能力能达到提供全国平均水平，提供均等的基本公共服务。这种模式对财政收支的数据搜集及测算的要求高，难度大，但考虑得更全面、科学、合理。

（二）转移支付的具体形式

转移支付是促进均等化的财力保障，各国具体形式大体分为两种。

德国、加拿大和澳大利亚等多数国家比较注意均衡性转移支付，重点是均衡政府间的财政能力，以此来实现基本公共服务均等化。例如，德国的转移支付形式包括了联邦对州的纵向转移支付和州对州的横向转移支付。联邦对州的转移主要是将增值税的地方分享部分分成两块，其中的75%按各州人口分配，另外25%对贫困州进行分配，以使贫困州的财政能力接近全国水平。州与州之间的横向转移支付是先计算各州的财力指数（即人均财政收入能力，包括通过增值税的先行补助，同时考虑到港口城市的特殊负担因素）和平衡指数（即全国平均人均财政收入能力），再通过对二者的对比确定富裕州和贫困州，由富裕州向贫困州划拨平衡资金。

美国转移支付的特点是：通过直接或间接补助到人的专项转移支付，来保证全体公民享有均等的基本公共服务。例如，根据米尔顿·弗里德曼提出的教育券思想，政府把原来直接投入公立学校的教育经费按照生均单位成本折算以后，以面额固定的有价证券（即教育券）的形式直接发放给家庭或学生，学生凭教育券自由选择政府所认可的学校（公立学校或私立学校均可）就读，不再受学区的限制，教育券可以冲抵全部或部分学费，学校凭收到的教育券到政府部门兑换教育经费。教育券大大增加了学生和家长的自主择校权，也改变了美国政府教育资金的发放途径，提高了教育投资的效率。

（三）基本公共服务的资金来源

实现基本公共服务均等化需要建立比较稳定的资金来源机制。发达国家基本公共服务资金绝大部分来源于税收，因为政府除税收外几乎不能创造其他收入。中央政府在基本公共服务均等化中发挥关键作用。为保证均等化有稳定资金来源，主要发达国家的中央财政收入都占到国家财政总收入的一半以上。将一些税源相对集中、稳定，税额较大的公司所得税、个人所得与社会保障税、商品税等税种全部或大部分划归为中央政府收入。部分国家甚至还直接规定将某一种或几种税收的一定比例作为均衡性分配资金。

为确保财力与事权匹配，发达国家也重视培养地方政府税基。在美国、加拿大，地方政府形成了以财产税为主体的税收体系。因为财产不易变动，征税对象是财产所有者，因此税源稳定，且征收成本低。财产税为基本公共教育提供充足资金。地方交付税是日本转移支付的主要方式，根据所得税、法人税、酒税的32%，消费税的24%，烟税的24%抽取（这几种税的抽取比例可以由国会根据实际情况做出调整），然后根据各地财政收支差异情况，由中央进行均衡性分配。

三　对我国推进基本公共服务均等化的启示

（一）选择适合国情的均等化模式

推进基本公共服务均等化，要认识到我国各地区发展水平差距还较大，选择适合我国国情的均等化模式。在实现均等化过程中，要紧密联系各个发展阶段政府的社会目标，在短期实行较简易的财政收入能力均等化模式，而将更高水平的财政收支均等化模式作为中长期目标，做到实现社会公平的，同时也要促进经济效率的提高。要明确中央政府承担主要财政责任，从全国大局出发分配公共资源；基本公共服务均等化的实施主体是各级地方政府，它们负责具体操作实施。由政府主导提供基本公共服务，同时也要注意发挥市场机制的作用，避免类似英国模式的效率低下。提高财政资金使用效率，鼓励一些市场主体通过竞争间接提供公共服务。

（二）培育地方政府税源

我国政府财力与事权不匹配的问题较为严重。根据《中国统计年鉴2012》的数据计算，2011年，我国的教育、社会保障与就业、医疗卫生的支出由地方政府承担的比例分别高达93.94%、95.48%和98.89%。而地方政府的财政收入占总财政收入的比重仅为50.59%。地方政府特别是县乡基层政府缺乏稳定税源，财力不稳定，提供基本公共服务的能力不足。要加快财税体制改革，一方面，应进一步调整中央和地方事权的分配，改变以往事权与支出责任向基层政府不断下移，但财权与收入权力不断上移的趋势。明确细分各级政府的事权和支出责任，中央和地方可按项目和比例分担基本公共服务费用。另一方面，优化中央与地方的税收分配制度，根据事权与财力匹配的原则适度调高共享税中地方政府分成比例。在结构性减税的过程中，逐步培育地方税收体系，可建立以财产税、房产税为主体税种的地方税体系。为地方政府改善民生、履行基本公共服务职能提供税源保障。

（三）完善转移支付制度

我国现阶段转移支付制度不完善。以财政供养人口为主的资金分配方式导致财力越强的省份得到转移支付资金人均值也就越多。而且，部分专项转移支付项目要求地方提供配套资金，这也造成了资金流向财力较强地区。税收返还多以各地一定税收金额为基数，而经济发达地区基数相对较高，其得到的税收返还额比欠发达地区多。同时，经济发达地区获取预算外资金的能力要远远高于经济落后地区，这也加剧了区域财政不均等。要改革以财政供养人口为主的资金分配方式，打破户籍制度限制，在均等化区域范围内就人均可支配财力真实度计算求得一个标准尺度，通过财政资金横向转移，按真实的常住人口实现政府间财力均等。根据国际经验，要扩大因素评估法在转移支付资金分配中的应用。在客观因素评估基础上，科学确定转移支付数额，减少转移支付中的盲目性和随意性。

（四）适时提高基本公共服务标准

基本公共服务标准要根据国家财力、居民需求适时调整。一方面，基本公共服务标准不能一成不变，要根据经济发展水平不断提高。我国基本公共服务均等化面临的主要问题就是资金不足，未来要继续加大民生投入，提高基本公共服务水平。另一方面，基本公共服务标准要适度，不能超越国情过分拔高。欧债危机的一个重要原因就是一些国家实施脱离经济发展水平的高社会福利。例如，为支付高额开支，2011年希腊政府赤字规模占GDP比重高达9.1%，政府债务占GDP比重高达165.3%。债务危机引起政治经济全面危机，教训深刻。另外，建立科学合理的考核评价体系，完善监督，才能正确评价基本公共服务均等化的政策绩效，为适时调整基本公共服务标准做准备。

（五）政治、经济和社会体制改革的整体协调推进

西方国家的均等化制度都是建立在较为发达的市场经济和民主政治基础上，成熟的市场经济体制和规范的财政分权体制是这些国家基本公共服务均等化的共同制度基础。我国实现基本公共服务均等化，需要政治、经济和社会体制改革的整体协调推进。尤其要加快政治体制改革，全面建设服务型政府。推进财政预算公开透明，接受广大人民监督。

参考文献：

［1］［英］埃德蒙·金：《别国的学校和我们的学校——今日比较教育》，王承绪等译，人民教育出版社 2001 年版。

［2］陈国良：《教育财政国际比较》，高等教育出版社 2000 年版。

［3］崔万友：《日本社会保障制度及其发展演变》，《东北财经大学学报》2007 年第 1 期。

［4］郑功成：《当代社会保障发展的历史观与全球视野》，《经济学动态》2011 年第 12 期。

［5］中国财政学会"公共服务均等化问题研究"课题组、阎坤：《公共服务均等化问题研究》，《经济研究参考》2007 年第 58 期。

［6］王玮：《公共服务均等化：基本理念与模式选择》，《中南财经政法大学学报》2009 年第 1 期。

［7］李萍、许宏才：《中国政府间财政关系图解》，中国财政经济出版社 2006 年版。

［8］王泽彩：《财政均富论》，经济科学出版社 2008 年版。

基于财税体制改革的基本公共
服务资金供给问题研究①

摘　要：基本公共服务均等化的关键问题是资金供给，没有充足的资金保障，基本公共服务均等化就无法落实。当前我国基本公共服务资金总量供给不足，且区域、城乡配置不均衡，而财税体制不完善是造成这一问题的重要原因，表现在：缺乏全面统筹国家财力资源的顶层设计；促进区域财政均等的机制不完善；地方政府财力与事权不匹配；财政预算透明度低导致财力配置错位。为适应基本公共服务均等化的要求，须加快财税体制改革，促进基本公共服务的资金供给。

关键词：基本公共服务；资金供给；财税体制改革

中共十八大报告提出加快改革财税体制，完善促进基本公共服务均等化的公共财政体系，明确指出我国要在 2020 年全面建成小康社会之际，"基本公共服务均等化总体实现"。[1]近年来，我国各项基本公共服务总体上在改善，但服务水平仍较低，不均等化程度较高。实现基本公共服务均等化需要投入大量资金，而现阶段我国公共财政体系尚不完善，存在一些制度性障碍。因而财税体制改革要以促进基本公共服务均等化为取向，进一步完善基本公共服务资金供给机制。

一　基本公共服务资金供给存在的问题

我国基本公共服务资金供给不足首先表现为总量不足，造成基本公共服务水平偏低。其次在总量不足的背景下区域、城乡间配置不均衡，加剧

---

①　本文 2014 年 1 月发表于《中共浙江省委党校学报》2014 年第 1 期，第二作者为康珂。

了基本公共服务不均等。

（一）资金总量供给不足，国际比较差距较大

近年来，随着我国经济持续增长，财政收入快速增加，财政对基本公共服务的资金供给的绝对数额明显增加。基于数据可测性，本文选取基本公共教育、社会保障与就业、基本医疗与公共卫生三项作为基本公共服务的基本内容，近年来国家财政对这三项的支出总额为：2007 年 14559.4 亿元，2008 年 18571.5 元，2009 年 22038.4 亿元，2010 年 26484.8 亿元，2011 年 34036.24 亿元，绝对数额增长很快。[1] 但是，如图 1 所示，从基本公共服务支出在财政支出结构中的相对数量和变化来看，财政资金供给增长得并不多，比重均在 29% 左右，甚至在 2009 年出现下降。

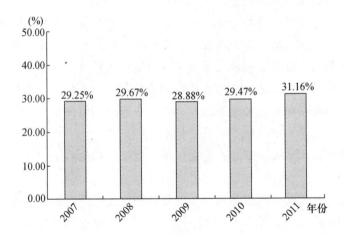

图1　我国基本公共服务财政支出占财政总支出的比重

资料来源：根据《中国统计年鉴 2012》数据整理计算。

从基本公共服务支出分项占 GDP 的比重来看，我国与世界平均水平差距仍很大。基本公共教育方面，2010 年，公共教育支出占 GDP 比重，世界平均为 4.71%，高收入国家为 5.46%，中等收入国家为 4.84%，低收入国家为 4.16%；而我国 2011 年国家财政性教育经费占 GDP 的比重为

---

① 中华人民共和国国家统计局：《中国统计年鉴 2012》，中国统计出版社 2012 年光盘版。

3.93%，不仅低于世界平均水平，甚至低于低收入国家。[①] 社会保障支出方面，2007 年公共社会保障支出占 GDP 的比重 OECD 国家平均为19.56%，OECD 国家中最高是法国（28.4%），最低是墨西哥（7.21%）；而我国 2011 年社会保障与就业支出占 GDP 的比重仅为2.35%。[②] 基本医疗与公共卫生方面，2011 年公共医疗卫生支出占 GDP的比重世界平均为 6.00%，高收入国家为 7.37%，中等收入国家为2.95%，低收入国家为 2.17%，我国为 2.89%。[③] 我国远低于世界平均水平，落后于中等国家。通过以上三项对比，可见在全球范围内，我国基本公共服务资金投入偏低。

（二）区域、城乡配置不均衡，加剧部分地区资金短缺

在总量不足的情况下，基本公共服务资金配置在城乡之间、区域之间明显不均衡，加剧了欠发达地区和农村地区的资金短缺。

从区域来看，尽管近些年来国家加大了对欠发达地区，尤其是西部地区的基本公共服务资金的投入，但地区间差距依然很大。在公共教育上，2011 年，我国普通小学、初中、高中生均公共财政预算教育事业费分别为：4966.04 元、6541.86 元和 5999.60 元。[④] 东部地区遥遥领先，三项支出最高的均为北京市；西部地区奋起直追，新疆、西藏、宁夏、内蒙古、青海等地都超过全国水平；中部地区最为落后，除山西普通小学生均公共财政预算教育事业费高于全国水平外，其他各省各项都低于全国水平。北京市与河南省的对比如图 2 所示。社会保障与就业、基本医疗与公共卫生资金投入的区域差距也十分明显。仍以北京市与河南省为例，2011 年，人均社会保障与就业财政支出北京市为 1757.70 元，河南省为 583.68 元；

---

① 资料来源及说明："公共教育支出占 GDP 比重"数据来源为世界银行世界发展指标（World Development Indicators，WDI）。通常每一版 WDI 的历史数据都略有变化，本文使用的是2013 年 8 月 1 日更新发布的 WDI（下同）。在 WDI 中，该指标中国数据缺失，故中国数据使用2011 年"国家财政性教育经费占 GDP 的比重"，根据《中国统计年鉴 2012》中的相关数据计算。

② 资料来源及说明："公共社会保障支出占 GDP 比重"数据来源为中华人民共和国国家统计局《国际统计年鉴 2011》，转引自经济合作与发展组织 OLIS 数据库（OECD OLIS database）；我国 2011 年"社会保障和就业支出占 GDP 比重"数据根据《中国统计年鉴 2012》中的相关数据计算。

③ 资料来源："公共医疗卫生支出占 GDP 的比重"数据来源为 WDI。

④ 中华人民共和国教育部、国家统计局、财政部：《2011 年全国教育经费执行情况统计表》，2012 年 12 月 30 日。

人均医疗卫生财政支出北京市为 1116.84 元，河南省为 385.04 元。① 两项指标北京市都是河南省的 3 倍左右。

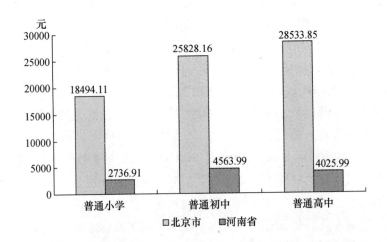

图 2　北京市与河南省 2011 年各级生均公共财政预算教育事业费对比

资料来源：教育部、国家统计局、财政部：《2011 年全国教育经费执行情况统计表》。

从城乡来看，近年来农村的基本公共服务供给资金大幅增加，但由于农村基础差、起点低，与城市还存在较大差距。基本公共教育领域，2011 年，我国农村普通小学生均公共财政预算教育事业费支出 4764.65 元，低于普通小学的 4966.04 元；农村普通初中生均公共财政预算教育事业费支出 6207.10 元，低于普通初中的 6541.86 元。② 在师资力量、教学设施方面，农村远远落后于城市。而且很多农村学校面临生源流失、财政投入缩减的困境。医疗卫生领域，2009 年医疗卫生体制改革以来，农民医疗负担大幅减轻。但主要医疗资源集中于城市，城乡医疗服务质量数量差距明显。2011 年每千人口医疗卫生机构床位城市为 6.24，农村为 2.80。③ 社会保障领域，新型农村社会养老保险在 2012 年才开始普及，农民养老金水平还比较低。超过 1.5 亿的外出农民工没有被纳入城镇社会保障体系，

① 中华人民共和国国家统计局：《中国统计年鉴 2012》，中国统计出版社 2012 年光盘版。
② 中华人民共和国教育部、国家统计局、财政部：《关于 2011 年全国教育经费执行情况统计公告》，教育部文件（教财〔2012〕11 号）。
③ 中华人民共和国国家统计局：《中国统计年鉴 2012》，中国统计出版社 2012 年光盘版。

徘徊在城乡之间，社会保险参与率低。

二　财税体制不完善对基本公共服务资金供给的影响

基本公共服务资金供给不足的原因是多方面的，从财税体制的视角来看，至少有四个因素限制了基本公共服务资金供给。

（一）缺乏全面统筹国家财力资源的顶层设计

多数西方国家以私有制立国，政府除税收外几乎不能创造其他收入，基本公共服务资金投入绝大部分来源于政府税收。而我国现阶段的基本经济制度是以公有制为主体、多种所有制经济共同发展。在公有制的支撑下，国家除税收外还掌握大量财力资源，如各类国有资产、国有企业利润、主权财富基金等。这些属于全民所有的财富也应该是基本公共服务的资金来源。但现行财税体制偏重当前收支管理，不注重资产、资本和资源管理和配置，缺乏全面统筹和整合国家财力资源的顶层设计。政府没有专门的机构编制国家资产负债表，无法对国家掌控的财力资源进行统筹、整合和配置。这导致原本数量可观的国家财富分散化、碎片化，脱离人民群众，甚至收益低下、流失严重，没有在基本公共服务均等化中发挥作用。例如，由于缺乏全面统筹的顶层设计，政府掌握的全国住房公积金余额和地方社保基金累计结余资金共4万多亿元作为储蓄沉淀在银行内，由于利率低于通货膨胀率造成年均收益率为负数，老百姓的这些"保命钱"不断贬值缩水，极大地损害了人民切身利益。关于国有企业利润，2012年1—12月我国国有企业累计实现利润总额21959.6亿元。① 国有企业利润除保留必要的发展资金外，理应以注入基本公共服务资金的方式让股东，即全民参与分红。然而国有企业利润并未成为基本公共服务资金的一个来源，导致民众无法分享国有企业收益，这也是国有企业饱受诟病的根本原因。

（二）促进区域财政均等的机制不完善

在财政意义上，基本公共服务均等化的基础是财政均等化。衡量区域财政均等的依据是各地区的人均财政指标。由于我国区域经济发展不平衡，地方政府财力差异本来就较大，体制性因素又加剧各地区人均财政指

---

① 中华人民共和国财政部：《2012年1—12月全国国有及国有控股企业经济运行情况》，http：//qys. mof. gov. cn/zhengwuxinxi/qiyeyunxingdongtai/201301/t20130118_ 728936. html。

标差距。首先，现行财税体制未考虑人口流动因素，基本公共服务与户籍绑定，地方财力按财政供养人口计算，使在常住人口统计中，不可避免地出现创造财富外溢或享有基本公共服务外溢等非真实因素。以长期存在的"候鸟型"农民工为例，他们虽然长期外出就业，但在户籍管理上仍为家乡的常住人口。农民工一方面为发达地区创造了巨大财富和财政收入；另一方面其本人及家庭享有的基本公共服务仍由家乡的地方政府提供，加重了欠发达地区财政负担，进一步扩大了区域财政不均等。其次，我国现阶段转移支付制度不完善。以财政供养人口为主的资金分配方式导致财力越强的省份得到转移支付资金人均值也越多。而且，部分专项转移支付项目要求地方提供配套资金，这也造成了资金流向财力较强地区。另外，税收返还多以各地一定税收金额为基数，而经济发达地区基数相对较高，其得到的税收返还额比欠发达地区多。在预算外资金管理的收入纳入预算管理实施以前，经济发达地区获取预算外资金的能力要远高于经济落后地区，这也加剧了区域财政不均等。

（三）地方政府财力与事权不匹配

现行财税体制导致的我国地方政府事权与财力不匹配的问题较为严重。改革开放以来，全国财政收入逐渐向中央集中，而财政支出明显向地方分散，1994 年分税制改革以后，这种趋势更为明显。1978 年到 2011 年，中央财政收入比重从 15.5% 升至 49.4%，支出从 47.4% 降至 15.1%；而地方财政收入比重从 84.5% 降至 50.6%，支出从 52.6% 升至 84.9%。[①] 中央政府将财权层层上收，事权层层下放，导致地方政府财政相当困难。在税种划分上，主要大宗税种、收入稳定的税种划归中央财政，地方缺乏稳定有效的主体税种，且征收成本较高，县乡财政较为困难，收入主要依赖共享税。在事权划分上，地方政府承担了较多基本公共服务职能，由于财力有限而力不从心。区域性公共服务由于地方财力有限而水平不高，比如县乡两级财政负责的义务教育，所需资金随社会发展而不断增加，财政困难导致欠发达地区义务教育质量较低。另外，省市县乡各级政府间还存在公共服务责任划分不清，存在相互交叉和重叠现象。2011 年，我国的教育、社会保障与就业、医疗卫生的支出由地方政府承

---

① 中华人民共和国国家统计局：《中国统计年鉴 2012》，中国统计出版社 2012 年光盘版。

担的比例分别高达 93.94%、95.48% 和 98.89%。① 地方政府特别是基层政府财力不足，在提供基本公共服务时捉襟见肘。在财力不足的情况下，房价急剧上涨为地方政府带来了巨额的土地出让收益，形成土地财政。尽管中央政府一再出台房地产调控措施，但由于地方政府过度依赖土地财政，因此在房地产调控中力不从心，造成地价与房价交替上涨的恶性循环。有的地方政府严重依赖上级政府的转移支付和各种预算外收费。

（四）财政预算透明度低导致财力配置错位

财政预算的科学、合理必须建立在公开、透明的基础上。如果财政预算不公开或透明度很低，就无法受到广泛和有效的监督，其科学性和合理性就无从判断。我国财政公开起步较晚，2008 年《政府信息公开条例》的出台才使财政公开有了法律依据。近年来，我国财政预算透明度有所提高，2010 年中央部门预算首次实现向社会公开，各级政府也都在一定程度上公开了财政预算。然而总的来看，我国财政预算透明度还是比较低，政府部门公开的预算信息过于简单、笼统，一些项目令人费解。如"三公消费"讳莫如深，"一般公共服务"解释含糊，"其他"项数目庞大、缺乏解释。透明度低导致我国财政预算从制定到执行都表现出较强的随意性，在很大程度上是以权力配置财力，而非依据基本公共服务均等化配置财力，使原本就有限的财力资源配置错位。一方面，有的领域不该花钱却获得大量预算资金，导致一些部门年底"突击花钱"；另一方面，一些事关民生的基本公共服务领域预算不足，资金缺口大。

三　基本公共服务资金供给问题的财税体制改革对策

提供基本公共服务是政府的责任，必须以充足的财力保证资金供给。本文的分析表明，现行财税体制还不完善，限制了基本公共服务资金供给，不能完全适应基本公共服务均等化的要求。为促进基本公共服务资金供给，必须加快财税体制改革。

（一）建立全面统筹和整合国家财力资源的顶层设计

如果国家掌握的财力资源能得到全面统筹和整合并按一定比例投入基本公共服务，那么基本公共服务资金来源就会得到很大充实。为改变国家

---

① 资料来源：根据《中国统计年鉴 2012》中的"中央和地方财政主要支出项目"相关数据计算。

财力资源部门分割、使用分散、脱离群众的情况，财税体制改革要从全局出发，进行全面统筹和整合国家财力资源的顶层设计。对我国属于全民所有的公共资金进行全面统计，编制国家资产负债表，明确各类公共资金及其收益在基本公共服务出资中的责任。完善国有资产管理体制，有效监管国有资产使用。建立专门的国家基本公共服务资金账户，将各类国有资产收益按一定比例注入账户，专门投向基本公共服务。充分利用资本市场对全国住房公积金余额和地方社保基金进行统筹管理，使其增值升值，为基本公共服务提供更多资金。关于国有企业利润，按照目前规定，中央企业分为四类，前三类上缴利润比例分别为 15%、10% 和 5%，第四类免交。① 铁道、金融等中央企业和很多地方国有企业都没有纳入国有资本经营预算，没有上缴利润。过多现金流留存到企业，导致国有资本盲目投资、与民争利、滥发工资福利甚至滋生腐败。今后应逐步扩大覆盖范围，特别应该将国有金融类企业纳入上缴利润的范围内。提高国有企业上缴利润的比例，提取垄断行业超额利润，加强对国有资本经营的审计监督，规范上缴利润的使用。将国有企业巨额利润的一部分注入国家基本公共服务资金账户，让全民通过改善基本公共服务的方式分享国有企业利润。

(二) 促进区域财政均等，完善转移支付制度

区域财政均等是基本公共服务均等化的基础。为实现区域财政均等，要改革现行财税体制以财政供养人口为主的资金分配方式，打破户籍制度限制和地方利益分割，采取与国际接轨的常住人口"标准人"分配。[2] 即排除生产力要素外溢等因素，在均等化区域范围内就人均可支配财力真实度计算求得一个标准尺度，通过财政资金横向转移，按真实的常住人口实现政府间财力均等。考虑到我国区域发展水平差距较大，全国区域财政均等可分阶段进行。第一步可在东、中、西三大区域内部率先建立跨省转移支付平台，保证各级、各地政府财政均等，在大区域内部提供较为均等的基本公共服务。未来在大区域内部财政均等的基础上跨区统筹，最终实现全国财政均等。我国目前尚无关于转移支付的专项立法，应尽快完善立法，通过立法形式对转移支付的原则、目标、规模、标准以及具体的技术性操作程序和方法等加以确认。根据国际经验，要扩大因素评估法在转移

---

① 中华人民共和国财政部：《关于完善中央国有资本经营预算有关事项的通知》，财政部文件（财企〔2010〕392 号）。

支付资金分配中的应用，使用客观因素评估法核定地方财政平衡能力。一方面，通过人口因素（人口数量、民族构成）、自然环境（土地面积、自然资源、生态环境）、经济发展水平（人均国内生产总值、消费水平、价格指数）、社会发展水平等客观因素确定计分标准和计算得分，得出地方财政支出水平。另一方面，根据地方的税源、税种以及税基、税率等计算各地的"理论收入"。根据计算的地方财政支出水平与"理论收入"之间的差额，科学确定转移支付的数额。[3]这样可以降低转移支付中的盲目性和随意性，保障转移支付法治化和规范化。

（三）促进地方政府财力和事权相匹配

按照十八大报告提出的"健全中央和地方财力与事权相匹配的体制"、"构建地方税体系，形成有利于结构优化、社会公平的税收制度"的要求改革财税体制，理顺各级政府收入划分，促进地方政府财力和事权相匹配，调动地方政府提供基本公共服务积极性。一方面，应进一步调整中央和地方事权的分配，改变以往事权与支出责任向基层政府不断下移，但财权与收入权力不断上移的趋势。将公共服务的支出重心适当向省级和中央政府上移，减轻基层政府的负担。明确细分各级政府的事权和支出责任，中央和地方可按项目和比例分担基本公共服务费用。另一方面，优化中央与地方的税收分配制度，根据事权与财力匹配的原则适度调高共享税中地方政府分成比例。在现行体制下，国内增值税按3∶1的比例由中央和地方政府分成；营业税则按税目分成，除铁道、中央金融保险企业营业税归中央外，其他营业税都归地方。因此，营业税是地方税收的主体税种。在营业税改增值税的大趋势下，如果现行分税方法不变，那么地方税源将急剧萎缩，地方政府财力和事权不匹配的现象更严重。因此，必须对增值税的分成比例进行调整，增加地方分成比例。在结构性减税的过程中，逐步培育地方税收体系，可建立以财产税、房产税为主体税种的地方税体系。一方面调节贫富差距；另一方面为地方政府改善民生、履行基本公共服务职能提供税源保障。

（四）推进财政公开，提高财政预算透明度

财政公开是大势所趋，不仅是财政预算科学化、提高财力配置效率的需要，更是推进政治体制改革，全面建设服务型政府的内在要求。财税体制改革要推进财政公开，提高除国防、国家安全等特殊领域外的财政预算透明度。借鉴国外经验，财政公开的内容要包括程序公开、过程公开和信息公开，公开的形式包括财政文件、以阅览室或宣传栏形式、根据请求而取得的文件公开、举行"行政预算听证会"等。[4]中央部门及各级政府在预算公开的基础上，要进一步提高透明度，细化公开内容，接受广大人民监督。把财政资金更多地用于群众需求强烈的基本公共服务项目，杜绝突击花钱、形象工程等财政浪费，提高财力资源配置效率。对政府财政预算具有审议、批准权的人大代表要广泛听取民意，把公众意愿反映在财政预算编制中。在预算审批过程中，还要建立聘请财经专家团队为人大代表提供专业咨询意见的机制，保证财政预算科学、合规。

参考文献：

[1] 胡锦涛：《坚定不移沿着中国特色社会主义道路前进　为全面建成小康社会而奋斗——在中国共产党第十八次全国代表大会上的报告》，人民出版社 2012 年版，第 18 页。

[2] 孙红玲、王柯敏：《公共服务均等化与"标准人"财政分配模型》，《财政研究》2007 年第 8 期。

[3] 丁元竹：《我国基本公共服务均等化过程中标准建设问题》，《甘肃理论学刊》2008 年第 3 期。

[4] 傅光明：《论国外的财政公开制度》，《财政研究》2005 年第 1 期。

推进人口城镇化的财税体制改革研究①

摘　要：城镇化对我国经济持续健康发展意义重大。当前我国城镇化质量不高，一个突出问题是人口城镇化严重滞后于土地城镇化。推进人口城镇化、完善城镇化健康发展体制机制需要各项配套改革，尤其要加快财税体制改革。针对现行财税体制存在的公共资源配置缺乏顶层设计、分税制催生土地财政、流动人口公共服务不足、城镇创业税负较重等问题，应尽快完善促进人口城镇化的公共财政体系，为推进人口城镇化创造良好的财税体制环境。

关键词：城镇化；人口城镇化；财税体制改革；财政政策

一　引言

城镇化是工业化和现代化的必由之路。当前我国正处于经济转型升级的关键时期，城镇化将创造巨大消费和投资需求，是扩大内需的最大潜力，对我国经济持续健康发展意义重大。改革开放以来，我国城镇化取得了巨大成就，城镇人口占总人口的比重在 2011 年超过 50%，实现历史性突破。然而总的来看，我国城镇化发展仍较为落后，不仅城镇化水平远低于发达国家及多数新兴经济体，而且城镇化质量不高，特别是市民化进程缓慢，人口城镇化严重滞后于土地城镇化，使我国城镇化率的真实水平大打折扣。2010 年，李克强就指出："推进城镇化的一个重要任务，就是要把符合条件的农业人口逐步转变为城市居民，这样可以在实质上提高人口城镇化水平。"[1]就任总理之后，他再次强调，城镇化的核心是人的城镇

---

① 本文 2014 年 7 月发表于《经济与管理评论》2014 年第 4 期。

化。推进人口城镇化需要包括财税体制改革在内的一系列体制机制改革协调跟进。中共十八届三中全会通过的《中共中央关于全面深化改革若干重大问题的决定》明确指出："完善城镇化健康发展体制机制。坚持走中国特色新型城镇化道路，推进以人为核心的城镇化……推进农业转移人口市民化，逐步把符合条件的农业转移人口转为城镇居民。"[2] 人口城镇化是个复杂的系统工程，也是一个长期过程。完善城镇化健康发展体制机制，要加快财税体制改革，完善促进人口城镇化的公共财政体系。

二　文献综述

财税体制对城镇化的方式和绩效有深刻影响。国务院发展研究中心土地课题组（2005）[3] 对我国东部某发达地区的实地调查表明，地方政府对城市扩张的热衷，主要原因在于它可使地方政府财政税收最大化。陶然、曹广忠（2008）[4] 认为，破解我国目前"空间城镇化"和"人口城镇化"不匹配这一难题，需要以制度的联动改革进行有效政策组合，其中包括财税体制改革。孙文基（2011）[5] 论述了财政与城镇化之间的关系，指出现行财税体制存在财政投入的资金渠道不合理、财政支出结构不合理、财政资金使用效率低等问题。熊柴、高宏（2012）[6] 基于财政分权的研究表明，财政分权的程度越高，人口城镇化滞后于空间城镇化的不协调问题越严重，如果忽视财政体制的改革，城镇化进程将很可能继续呈现这种不健康的局面。刘尚希（2012）[7] 认为，城镇化对当前的财税体制提出了新的挑战，应加快财税体制改革，建立财力与事权动态匹配的机制、构建三元共存的公共服务供给体系。这些研究都从一定的视角反思了现行财税体制，但如何全面深化财税体制改革，使公共财政更好地服务和推进人口城镇化，有待进一步深入研究。

三　我国人口城镇化的现状

城镇化是一个国家或地区的农村人口向城镇转移、集聚，城镇不断发展与完善的过程。人口城镇化是城镇化的核心，主要表现为：在城镇化过程中，农村人口的就业向工业、服务业转换，农业人口比重下降，工业、服务业人口比重上升；农业逐步向二、三产业升级转换；农村人口的生产方式、生活方式受到城市文明的影响，也进行相应的转变。土地城镇化是城镇化的载体，主要表现为城镇用地扩展，城镇建成区面积增加，农业区或未开发区形成新的城镇，农用地或者未利用地转变成建设用地等。

当前我国人口城镇化发展滞后与土地城镇化速度过快形成鲜明对比。从表面看，我国城镇化率已与世界平均水平大体相当。国家统计局 2013 年发布的《2012 年国民经济和社会发展统计公报》显示，截至 2012 年年末，我国城镇人口为 7. 12 亿人，占总人口比重为 52. 6%。但是，这里的城镇人口指城镇常住人口，即国家统计局按照国际惯例计算的一年之内在城镇居住 6 个月以上的人口。而根据我国国情，大量常住在城镇的居民没有取得所在城镇户籍，无法真正融入城镇。2012 年年末我国人户分离人口为 2. 79 亿，其中流动人口 2. 36 亿人。① 庞大的流动人口以离开农村在城镇打工的农民工为主。他们虽然生活、工作在城镇，为城镇发展做出巨大贡献，但却由于户籍仍在农村而无法在公共服务等方面享受与城镇居民相同的待遇，处于漂泊而非稳定居住状态。若按户籍人口计算，我国城镇非农户口人口占总人口的 35% 左右。而据世界银行统计，2012 年城镇人口占总人口的比重世界平均水平为 52. 55%，美国为 82. 63%、英国为 79. 76%、韩国为 83. 47%，"金砖国家"中我国仅高于印度，巴西为 84. 87%、俄罗斯为 74. 00%、南非为 62. 43%。② 可见，我国城镇化的真实水平与国际相比还有较大差距。

即使将流动人口考虑在内，我国人口城镇化还是大幅滞后于土地城镇化。衡量土地城镇化和人口城镇化关系可用"城市用地规模弹性系数"表示，它等于城镇用地增长率与城镇人口增长率之比，其合理区间在 1—1. 12。根据 2001—2012 年《中国统计年鉴》相关数据，从 2000 年到 2011 年，我国城市建成区面积从 22439. 28 平方公里增长到 43603. 23 平方公里，增长率为 94. 32%，而全国城镇人口从 45906 万人增长至 69079 万人，增长率为 50. 48%。③ 2001—2011 年，城市用地规模弹性系数为 1. 87，远高于 1—1. 12 的合理区间，表明与土地城镇化速度相比，人口城镇化速度过慢。从每一年的具体数据来看，我国城市建成区面积增长率在

---

① 资料来源：国家统计局《中华人民共和国 2012 年国民经济和社会发展统计公报》。人户分离的人口是指居住地与户口登记地所在的乡镇街道不一致且离开户口登记地半年以上的人口。流动人口是指人户分离人口中不包括市辖区内人户分离的人口。

② 资料来源：世界银行世界发展指标（World Development Indicators，WDI）。通常每一版WDI 的历史数据都略有变化，本文使用的是 2013 年 8 月 1 日更新发布的 WDI。

③ 资料来源：2001—2012 年《中国统计年鉴》，根据其中相关数据计算。

绝大多数年份都高于城镇人口增长率，如图 1 所示。其中，2011 年城市用地规模弹性系数高达 2.82。如果剔除城镇人口中没有取得户籍的暂住人口，历年及总的城市用地规模弹性系数会更高。

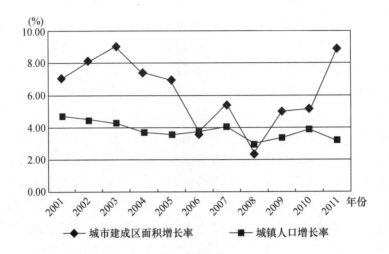

图1　中国城市建成区面积增长率与城镇人口增长率（2001—2011 年）

资料来源：根据 2001 年至 2012 年《中国统计年鉴》相关数据计算。

四　基于财税体制的人口城镇化滞后原因分析

城镇化的目的不是"造城"，而是造福百姓、富裕农民。我国进一步推进城镇化的关键是提高城镇化质量，核心是人的城镇化。从财税视角来看，当前制约人口城镇化的体制机制障碍较多，主要表现在以下几个方面。

（一）公共资源配置缺乏顶层设计

我国当前的财税体制缺乏国家层面的"顶层设计"，有限的公共资金和资源普遍存在部门分割、分散使用、监管不力的情况。长期以来，我国财政偏重当前收支管理，不注重资产、资本和资源的统筹、管理和配置，尚未建立统筹和整合国家财力资源的机构和相应的机制，导致公共资源没有得到最优配置，国家财力没有被充分利用。同时，政府收支未能全部纳入政府预算，而且并非所有已纳入预算管理的政府收支都受到了同样严格的预算管理与控制，导致资金收支缺乏有力监管，使用效率不高。在现行的预算体制格局下，几类性质相同但管理规范程度差别很大的政府预算并存。公共财政预算有统一的制度规范，须接受并通过各级人民代表大会审议、批准，规范程度最高。而政府性基金预算被视作相关部门的"私房钱"，缺乏监管。社会保险基金预算的编制和执行的主导权不属于财政部门，巨额地方社保基金由于缺乏理财手段而贬值缩水。国有资本经营预算进入公共预算的仍限于部分国有企业，而且上缴国有企业利润比例较低，民众无法分享国有企业收益。另外，地方债务预算管理较为混乱，地方政府在城镇化过程中债务融资风险较高。缺乏顶层设计的公共资源配置现状造成地方政府推进人口城镇化财力不足，即使有限的财力也没有得到合理利用，财政支出格局不利于人口城镇化。

（二）分税制催生土地财政

1994 年分税制改革以后，我国的财政分权程度提高，中央政府将财权层层上收，事权层层下放，逐渐导致地方政府事权与财力不匹配。分税制改革之后，主要大宗税种、收入稳定的税种全部划归中央财政，而划归地方的税种大多是税源零散、征管难度高的小税种，即使是共享税也是中央占大部分。如增值税中央占 75%，地方占 25%；企业所得税与个人所得税中央占 60%，地方占 40%；证券交易印花税中央占 97%，地方占 3%。在地方所占不多的比例中，省级政府要拿走大部分，剩下的才归市、区、县各级政府。根据《中国统计年鉴 2012》，2011 年地方与中央财政收入之比为 50.6∶49.4，而同期地方与中央财政支出之比为 84.9∶15.1，可见地方政府"入不敷出"相当严重。分税制带来的集权效应引起地方政府行为的一系列变化，地方政府开始积极从预算外尤其是从土地征收中为自己聚集财力，城镇化就成为地方政府收入的新增长点。[8] 政府通过低价从农民手中征得土地，再高价出售给开发商用于住宅商业开发，获得巨额收益，催生土地财政。尤其是近些年房价急剧上涨，地方政府更加依赖土地财政。从 2001 年到 2011 年，全国土地出让合同价款从 492 亿元急剧上升至 3.15 万亿元人民币，十年间猛增 64 倍。2012 年同比下降，但仍高达 2.69 万亿元。① 土地财政已成为一些地方政府最主要的收入。在土地财政模式下，地方政府热衷于造城、卖地，强力扩展城镇土地空间，人口城镇化滞后也就不足为奇。很多地方政府大力开发新区，投资动辄数百

---

① 资料来源：国土资源部 2001 年、2011 年和 2012 年《中国国土资源公报》。

亿元，但吸纳人口极少，往往造成"有城无业、有城无市、有城无人"的"三无"现象。土地财政进一步推高了房价，增加了农民工在城镇购房落户的难度。

（三）流动人口公共服务不足

我国现行的财税体制以户籍人口为基础，无论是财政收入还是支出的划分，都是以假定人口不流动为前提。而城镇化带来庞大流动人口，受体制所限，他们处于徘徊在乡村与城镇的"候鸟"状态，长期生活在城镇却享受不到城镇的公共服务。同在一个城镇生活和工作，有户籍的和无户籍的人口明显没有享有同等的国民待遇。公共服务供给体制由"城乡二元"进一步转化为"城市二元"：一元是原有城市居民，另一元是进城农民。城市内部有户籍和没户籍的居民之间基本公共服务的差异也是当前基本公共服务不均等的缩影，是形成城乡发展差异、城乡居民生活质量差异的根本性动因。[9]户籍制度是产生这一问题的根源。多年来，户籍制度改革的呼声一直很高，但实际改革进程缓慢。其实户籍制度本身只是一种人口登记制度，户籍身份的差异，关键是户籍背后绑定的公共服务，特别是基本公共服务和社会福利的巨大差异。由于我国地区之间、城乡之间发展程度差别较大，不同地区居民、城乡居民所享受的公共服务水平也差别很大。城镇户籍捆绑了享受城镇基本公共服务和社会福利的诸多权利，与市民的切身利益密切相关。对于政府而言，推进土地城镇化在当期就可获得收益，而且收益远大于成本，但把一个农民转变为名副其实的市民，不会为政府带来即时的利益，反而需要投入不少财力。在现行财税体制下，地方政府事权与财力不匹配的问题较为严重，不少地方政府在为本市户籍居民提供公共服务时已经捉襟见肘，更不必说非本市户籍居民。在城镇化进程中，民众期盼户籍制度改革，地方政府也有意愿推动户籍制度改革，然而由于财力有限，在不降低原有市民福祉水平的前提下马上实现城镇基本公共服务和社会福利全覆盖，有很大难度。

（四）城镇创业税负较重

就业是民生之本。农民工要在城镇定居，就要有稳定的职业维持生计，否则人口城镇化就无从谈起。拉美国家城镇化率接近发达国家，但由于缺乏产业支撑，城市无法提供足够的就业岗位，导致城市人口严重超载，失业率居高不下，城市被贫民窟包围，进而造成贫富悬殊、环境污染、治安混乱、社会失序，甚至引发政治动荡，这就是所谓的"拉美陷阱"。相对于大型企业，中小微型企业投资少、门槛较低、经营范围广泛、用工模式较灵活、大多处于劳动力密集型行业，是城镇化过程中创造就业岗位、吸纳劳动力的主要场所。特别是城镇的服务业可以吸纳大量中低素质劳动力，为再就业人员和农民工提供工作岗位。然而，中小微型企业多数处于竞争性较强的领域，利润微薄，与大企业相比，同样税率产生的税收占利润的比重要高很多。平新乔（2010）[10]对税负结构的实证研究表明，中国 1994 年的增值税改革设计上遗留的对服务业、对中小企业实施按全部产值或营业额为税基征收营业税或增值税（即不实行"进项抵扣"）的办法，在实施过程中导致了对服务业和广大中小企业的税收歧视，造成广大中小企业税负过重。2013 年 9 月，工业和信息化部发布的《全国企业负担调查评价报告》显示，全国 2000 多家被调查的中小企业中有 74% 认为税收负担比较重。虽然近年来国家出台了多项惠企减税的政策，但多数企业认为政策落实情况还不够理想。过重的税负增加了中小企业的生存压力，打击了居民投资创业的积极性，造成城镇就业岗位不足，人口城镇化进程受阻。

五　推进人口城镇化的财税体制改革对策

城镇化是中国现代化进程中一个基本问题，对公共财政体系提出了更高的要求。财税体制既反映了政府和市场、社会的关系，也反映了中央和地方政府之间的关系，是深化改革的一个重要领域。为推进人口城镇化，必须加快财税体制改革，完善促进人口城镇化的公共财政体系。

（一）整合国家财力资源，构建全口径预算管理体系

财税体制改革要根据中共十八大报告提出的"加强对政府全口径预算决算的审查和监督"的精神，从顶层设计的高度构建完整的、配置公共资源需要的全口径预算管理体系。全口径预算管理的基本含义是所有政府收支都应纳入预算管理，它有两个基本要求：一是全部政府收支都应在预算中有所反映，或者"全部政府收支进预算"；二是全部政府收支都受到了与其性质相适应的有效管理。[11]推进人口城镇化需要足够的财力支持。如果改变国家财力资源部门分割、使用分散、监管不力的现状，将政府掌握的财力资源全面统筹和整合，按一定比例投入基本公共服务，那么基本公共服务资金来源就会得到很大充实，公共财政就有实力支持长期生活在城镇的农民变市民。全口径预算管理将公共财政预算、政府性基金预

算、国有资本经营预算、社会保障预算以及政府债务预算全部涵盖在一个体系中，使政府所有收支都受到严格的预算管理与监控，在各项预算之间建立规范、明确、透明的资金往来渠道，将推进预算体制的公开、透明、规范和完整。由全口径预算管理形成的"一元化"公共财政体系整合了国家财力资源，是人口城镇化所需要的公共资源配置体系。它将促进各项资金的合理使用，为增强政府推进人口城镇化的财政实力提供制度保障。

（二）推进分税制改革，构建稳定的地方税体系

为流动人口提供基本公共服务和社会福利是政府的事权。为履行这一事权，就需要相应的财力保障，而现行的分税制导致地方政府财力与事权不匹配，热衷于扩张城镇土地聚集财力。如果现行分税方法不变，营业税改征增值税将导致地方政府税源急剧萎缩，财力和事权不匹配的现象将更严重。要按照中共十八大报告提出的"健全中央和地方财力与事权相匹配的体制"来推进分税制改革，构建稳定的地方税体系，为地方政府履行推进人口城镇化的事权提供足够的财力保障。在税收分成上，中央政府要向地方政府让利，增加共享税比重，提高地方政府分成比例。在税制设计上，要稳定地方税基，构建有利于人口城镇化的地方税体系。根据国际经验，可建立以财产税、房产税为主体税种的地方税体系。特别是在房产投机盛行、房价高涨的背景下，可适时全面开征房产税，将房产税作为地方税种。房产税不宜对居民所有房产都开征，否则会增加民生税负，反而阻碍人口城镇化。应通过信贷优惠等政策鼓励迁居至城镇的居民拥有私人住房，同时对房产投机者的闲置房产课征重税，在抑制房产投机的同时也增加了政府税收。在支出责任划分上，要明确细分各级政府的事权和支出责任，中央和地方可按项目和比例分担基本公共服务费用。未来中央政府可通过直接补贴个人的形式承担一定的基本公共服务支出责任，使各地居民享受到大致均等的补贴，为实现人口自由迁徙的长远目标创造制度环境。

（三）优化转移支付制度，促进基本公共服务均等化

如果户籍背后绑定的基本公共服务和社会福利的巨大差异不消除，那么户籍制度改革就很难推进。转移支付是协调区域、城乡发展的重要手段。解决流动人口的公共服务问题，需要优化转移支付制度，促进基本公共服务均等化。发达国家的转移支付具体形式大体分为两种：一种是旨在均衡政府间的财政能力的均衡性转移支付，包括地方政府之间的横向转移

支付和中央对地方的纵向转移支付；另一种是不受区域限制，直接或间接补助到人的专项转移支付。[12]从当前国情来看，首先要均衡政府间的财政能力。改变转移支付以基数为重的制度惯性，采取与国际接轨的常住人口"标准人"分配，即在均等化区域范围内就人均可支配财力真实度计算求得一个标准尺度，通过财政资金横向转移，按真实的常住人口实现政府间财力均等。各级政府负责本辖区内的政府间财力均等，中央政府统筹全国。考虑到我国区域发展水平差距较大，全国区域财政均等可分阶段进行。第一步可在东、中、西三大区域内部率先建立跨省转移支付平台，保证各级、各地政府财政均等，在大区域内部提供较为均等的基本公共服务。未来在大区域内部财政均等的基础上跨区统筹，最终实现全国财政均等，保证各地基本公共服务大致均等化。从长期来看，要积极探索医疗、社保等领域中央政府直接补助到人的转移支付形式。中央政府统筹全国财力，为每个国民建立账户，使流动人口无论迁徙到哪个地方，享受公共服务的权利都能得到续接。

（四）完善结构性减税政策，促进城镇产业振兴

现代城市是工业化发展的结果，城镇化应以工业化为依托，随着产业发展水到渠成地推进，否则就是无源之水。我国的新型城镇化道路应避免重蹈拉美覆辙，要把解决失地农民的就业问题放到重要位置。城镇化不可盲目造城，不能一味追求房地产发展，必须以振兴产业为基础，鼓励居民创业，大力发展实体经济。税收是影响生产的重要因素，从长远看减税能提升居民投资和消费的积极性，拓宽税基，增加政府收入。虽然近年来我国出台了一些结构性减税措施，但除"营改增"外，其余减税效果并不明显，尤其是中小企业负担仍然较重。中小企业是最具活力的经济主体，是创造就业的主要力量。财税体制改革要建立有利于中小企业发展的税收政策体系，形成鼓励居民创业的政策导向。具体而言，"营改增"在目前"6＋1"行业试点基础上，应逐步推广到更多行业，在更大范围内消除重复征税。企业所得税在内外资企业合并的基础上，应进一步对中小企业予以优惠。例如，可将中小企业的所得税税率降至20％；目前实施的月营业额在两万元以内的小微企业免税政策可作为一项长期政策实施，为小微企业发展提供稳定的税收环境；对科技创新型、节能环保型中小企业可给予更大的税收减免。另外，要推进财政公开，加强对税务机关的监管，严厉禁止税务工作人员在税收征管中对中小企业的"设租"和"寻租"

行为。

参考文献：

［1］李克强：《关于调整经济结构促进持续发展的几个问题》，《求是》2010 年第 11 期。

［2］《中共中央关于全面深化改革若干重大问题的决定》，人民出版社 2013 年版，第 24—25 页。

［3］国务院发展研究中心土地课题组：《土地制度、城市化与财政金融风险——来自东部一个发达地区的个案》，《改革》2005 年第 10 期。

［4］陶然、曹广忠：《"空间城镇化"、"人口城镇化"的不匹配与政策组合应对》，《改革》2008 年第 10 期。

［5］孙文基：《促进我国城镇化发展的财政制度转型研究》，《苏州大学学报》（哲学社会科学版）2011 年第 5 期。

［6］熊柴、高宏：《人口城镇化与空间城镇化的不协调问题——基于财政分权的视角》，《财经科学》2012 年第 11 期。

［7］刘尚希：《城镇化对财政体制的挑战及对策思考》，《中国财政》2012 年第 3 期。

［8］周飞舟：《分税制十年：制度及其影响》，《中国社会科学》2006 年第 6 期。

［9］刘明慧、路鹏：《城镇化转型中的公共服务供给约束与政府融资路径》，《经济与管理评论》2013 年第 3 期。

［10］平新乔、张海洋、梁爽等：《增值税与营业税的税负》，《经济社会体制比较》2010 年第 3 期。

［11］高培勇：《实行全口径政府预算管理》，中国财政经济出版社 2009 年版，第 22 页。

［12］周幼曼：《一些发达国家推进基本公共服务均等化的经验与启示》，《理论建设》2013 年第 4 期。

日本"以房养老"的窘境^①

　　日本在20世纪70年代就进入老龄化社会。每年9月的第3个星期一是日本的"敬老日"。在今年"敬老日"前一天的9月15日，日本总务省公布了最新的人口统计情况：2013年日本65岁以上人口为3186万人，占总人口的比重高达25.0%，是全世界人口老龄化程度最高的国家。与此同时，日本的"少子化"现象也越来越严重，人口出生率从1974年至今持续下降，总和生育率在21世纪初保持在1.3左右的极低水平。老龄化、少子化的趋势不仅使日本面临严重的人口危机，而且使日本社会保障系统面临严重的财务危机。日本的养老保险制度又称为年金制度，起源于明治政府时期的"恩给"制度，第二次世界大战后逐渐普及，在1961年实现"国民皆年金"。尽管日本政府对现收现付的年金制度进行多次改革，为年金不断"开源节流"，但依然无法扭转年金系统长期巨额亏空的局面。在此背景下，日本积极探索新的养老模式，其中包括建立住房反向抵押贷款制度，即"以房养老"。然而，"以房养老"在日本发展得并不顺利。

　　日本的"以房养老"形式多样，因地而异，统称为"不动产担保型生活资金"，按融资方式可分为两类：一是政府参与的直接融资方式，即政府机构直接贷款给借款人；二是银行等金融机构参与的间接融资方式，由金融机构贷款，并设计金融产品进行销售。"以房养老"由东京都武藏野市在1981年引入日本，当时的适用对象是65岁以上且在武藏野市居住达1年以上拥有不动产的老年人。若以自己的房产为抵押，老年人可定期

　　① 本文发表于《学习时报》2013年10月7日第2版，曾被2013年10月10日《南方日报》转载、10月10日《南方周末》摘登。

从金融机构获取贷款供养老之用，贷款总额以房产价值的一定比例为限。待老年人去世后，房产被出售用于偿还贷款本金及利息。"武藏野模式"开日本"以房养老"之先河，但开展得并不顺利。日本学者上野千鹤子在其著作《一个人的老后》中指出，"武藏野模式"开办后20年来，仅有100件来使用这种方式贷款的案例。上野千鹤子曾向京都市政人员提议比照武藏野，推广"京都模式"，却以"不符合当地风俗民情"为由遭到婉拒。直到2002年，日本厚生劳动省才迫于年金亏空压力，以地方政府的福利部门为主体开始正式设立"以房养老"制度。在具体实施上，各地有所不同，但总的来说，申请门槛较高。以东京为例，要求申请人在65岁以上且不能与子女同住；申请人家庭的人均收入要在当地的低收入标准之下，且已申请"低保"等社会福利的家庭不能申请；申请人的房产必须是土地价值在1500万日元以上的独门独户建筑，集体住宅不能申请。这些严苛的条件把很多居住在城市的老年人排除在外了。

日本人善于学习新事物，"以房养老"曾引起很高的关注。但时至今日，"以房养老"在日本依然发展缓慢，从政府到民间推动都不是很积极，处于"鸡肋"的窘境。上野千鹤子认为，日本"以房养老"进展迟缓，首先是子女的反对。东亚传统文化有很强的继承观念，子女认为父母的家就是自己的家，卖掉土地就等于对祖先不敬。其次是日本人"有土斯有财"的观念根深蒂固，认为土地是财富极佳的储存形式，不到万不得已，不会变卖土地和住宅。最后老旧房屋修缮需要大量资金，造成银行不愿贷款。日本税法规定，大楼等钢筋水泥建筑物的住宅耐久年数为47年，假设30岁入住，住了40年以上，不但居住者衰老，建筑物也会老朽。由于经济长期低迷和年轻人口不断流失，老旧房屋缺乏资金修缮，有的小区因为居民日渐稀少甚至只剩老年人而趋于荒废，银行不愿接手这样的抵押物。

"以房养老"在日本的窘境还与日本特殊的经济和自然环境有关。房价下跌是"以房养老"的一大风险。如果在合同期间房价大幅下跌，老年人所贷资金超过房产价格，金融机构就会亏本。日本1981年引入"以房养老"时正值房地产价格开始快速上涨的时期，当时普遍预期房价上涨，追逐利润的金融机构愿意开发反向抵押贷款产品。然而，20世纪90年代日本泡沫经济破灭，房地产价格大幅下跌，使这项业务严重受挫。目前，日本的房地产市场依然不景气。"少子老龄化"造成日本人口从2005

年开始缩减，导致房地产需求萎缩，更加强化房产贬值的预期，而且日本人均预期寿命全球最长，达 83 岁，进一步增加了合同的不确定性，金融机构也就无心开展反向抵押贷款业务。"以房养老"还需要房屋有稳定的质量，房屋不能还未出售偿还贷款就已损毁。日本的房屋质量无可挑剔，但日本是自然灾害频发的国家，地震、海啸、台风、洪水等严重自然灾害经常发生，极易损毁房屋。2011 年 3 月日本东海岸发生 9.0 级特大地震并引发强烈海啸，导致沿海大量房屋被损毁、掩埋或卷入大海。频发的自然灾害极大降低了住房的远期交易价值，使"以房养老"更难推行。

　　为应对养老危机，日本政府不遗余力地对社会保障制度进行了一系列改革。从全球来看，日本老年人享受到的福利水平是非常高的，这是日本人普遍长寿的重要原因。但是，日本政府也为此付出了很大代价。截至 2013 年 6 月，日本包括借款在内的公共债务额升至创纪录的 1008.6 万亿日元，相当于其国内生产总值的 247%，是世界上债务占比最高的国家。为支援养老，日本政府一再提高消费税，不断高涨的税收让年轻人怨声载道。好在半个多世纪以来，日本积累了巨额的财富存量，并拥有发达的科技水平，虽然经济低迷，但财富增长的绝对量依然可观。否则日本势必因高度老龄化而加速衰败。实际上，日本养老危机的根源是"少子老龄化"。"以房养老"实际是一种配置资产的方法。"少子老龄化"造成创造财富的工作人口越来越少，消耗财富的退休人口越来越多，资产配置的方法再巧妙，也无法从根本上扭转这一趋势。因此，"以房养老"解决不了日本的养老问题，社会保障制度再改革、再创新，也解决不了日本的养老问题。日本养老保障，以及整个国家未来的希望在于提高生育率，增加年轻人口，扭转人口萎缩的颓势。

日本"水俣病"之灾留下的遗产①

　　20世纪五六十年代，日本经济进入战后的全面复苏和高速发展时期。蓬勃发展的工业在带来经济繁荣的同时，也带来了生态环境的严重恶化。这一时期，日本人的生活水平大幅提高，但由环境污染引发的公害事件频繁出现，民众健康受到巨大威胁。在影响较大的日本"四大公害病"中，"水俣病"被公认为日本战后之最大公害。

　　"水俣病"实际为有机水银中毒，是患者长期食用被有机汞化合物污染的鱼类等食物造成的，因1956年首先发现于日本熊本县水俣市而得名。1966年新潟又爆发"水俣病"，被称为"第二水俣病"。这两个地方"水俣病"的罪魁祸首是直接排放有毒废水的当地工厂。"新日本窒素肥料株式会社"设立在水俣市的工厂将生产氮肥过程中产生的含汞废水直接排放入渔民常年捕鱼的海域，人们捕食受污染的海产品造成有机汞在体内聚集，引起中毒性神经系统疾病。患者手足麻痹，步行困难，甚至出现失智、听力、言语及运动障碍。

　　相关工厂最初隐藏真相，推卸责任，千方百计阻碍研究人员入厂取样，以安装完全无效的所谓废水净化装置欺骗民众，照旧排放污水。直到发现首例"水俣病"患者12年后的1968年，日本政府才承认并公布"水俣病的起因是氮公司工厂废水中所含的甲基汞"。在这漫长的12年间，由于没有及时应对，工厂排放的包括甲基汞化合物在内的汞量又增加了80—150吨，新的受害者不断出现，酿成了更大的灾难。

　　日本在当时片面注重经济发展，忽视环境保护和食品安全，这是"水俣病"之灾爆发的根本原因。日本为治疗和赔偿患者以及修复环境付

---

① 本文发表于《学习时报》2014年3月3日第2版。

出了巨大代价，但"水俣病"没有根治的方法，"水俣病"幸存者至今仍生活在痛苦中。熊本和新潟的两场"水俣病"，以及富士县"痛痛病"、四日市哮喘病等成为日本民众挥之不去的噩梦。惨痛的代价使日本认识到了环境污染的严重性，日本政府于 20 世纪 60 年代末开始从各方面着手治理和保护环境。

加强环保立法。1967 年，日本政府制定了《公害基本法》，并于次年获得通过，把大气、水源、噪声、震动、地震、恶臭等污染确立为公害。1970 年召开"公害国会"，又将土壤污染增补为公害，并制定和修改了 14 个防治公害的法律，明确规定了中央政府、地方政府、企业及公民各自的责任和义务。1993 年和 1994 年日本还先后颁布《环境基本法》和《环境行动计划》，确定了"减少对环境的负担，实现循环社会系统""确保自然与人类的共同生存""在公平的职责下实现所有主体的参与""推进国际性协作"的四项基本原则，以此达到人与自然和谐相处的可持续发展目标。完善的法律体系为治理污染和保护环境奠定了坚实的制度基础。

完善公害诉讼制度和受害者救济体制。1970 年日本颁布了世界第一部环境刑法《关于危害人体健康的公害犯罪制裁法》，确立了以特别刑法为核心的环境刑罚体系，开创运用刑法保护环境之先河。1973 年颁布的《公害健康被害补偿法》，确立了"公害健康被害补偿制度"。该制度的主要作用是追究环境肇事者的民事责任，对其污染环境的行为处以巨额罚款。罚款所得收入用于赔偿受害者，并开展福利事业。这些法律极大地提高了企业污染环境的成本，永久性地改变了日本企业的经营理念，促使他们在生产经营中重视环境保护。同时，将环境污染内化为企业生产成本后，也促进了企业不断研发节能减排新技术，以降低生产成本、提高盈利水平。时至今日，日本企业的环保理念和技术都处在世界先进水平。

完善环境保护的管理体制。日本逐步建立了严密的环境保护管理体制，从中央一直深入到企业。在中央层面，日本于 1971 年成立环境厅，集中处理与环保相关的事务，改变了之前分散式管理造成的政出多门、管理混乱的局面。日本还成立了环境审议会和公害对策会议，其中环境审议会是相对独立的环保咨询机构。进入 21 世纪之际，环境厅升格为环境省。在地方层面，各地也都成立了专门负责环保的政府机构。特别值得一提的是，日本在企业设置环境管理员，负责对企业的具体生产经营活动进行监督，确保其符合环保标准。环境管理员需通过严格专门的考试和资格认证，上任后的要求也很严格，若其严重失职，可能面临刑法处置。

调整产业结构，发展先进的环保技术。1974 年日本出台《产业结构长远规划》，"节约资源、环境保护"成为日本产业结构调整的重要目标。规划提出，建设"福利型、生活保障型产业结构；资源、能源高效利用型产业结构"，发展技术密集型产业，促进产业结构高级化和国际协调。从此，日本的产业结构开始通过科技引进和自主研发逐步升级，从战后的资源密集型产业升级到知识和技术密集型产业。在能源方面，注重"低污染、无公害"能源的开发和利用，重点加强节能技术和能源加工技术的研发和推广，能源结构从高硫燃料向低硫和脱硫化升级。

日本还十分重视环保技术的研发，培养自主创新能力。具有自主知识产权的环保技术带动了一系列高新产业的发展，成为日本的一大经济增长点。通过宣传教育提高全社会环保意识。水俣市和新潟县都建立了有关"水俣病"的资料馆，让人们了解和铭记"水俣病"的惨痛教训，避免悲剧再次发生。目前，优美的生态环境使日本成为全球游客向往的旅游胜地。回顾当年的"水俣病"之灾，日本变化之巨令人感慨。2013 年，联合国通过了旨在全球范围内控制和减少汞排放的国际公约《水俣公约》，日本"水俣病"的教训和治理环境的经验已成为人类社会共同的宝贵遗产。

索　引

后　记

　　本书是在我的博士学位论文《中国基本公共服务资金供需研究》之基础上修改完成的。博士学位论文成文时间是 2014 年 5 月，至今已有两年时间，为保持论文原貌，本书未做大幅修改；附录中的相关研究成果发表于 2012—2014 年，因此，请读者结合当时的时代背景阅读本书。这两年来，中国经济发展进入新常态，结构性改革不断深入，财税体制改革也在积极推进，书中的一些对策建议已经被决策者采纳并付诸实践。以 2014 年 6 月中共中央政治局审议通过的《深化财税体制改革总体方案》为起点，"十三五"时期全局性的财税体制改革拉开序幕，从此次新一轮财税体制改革的思路和内容看，本书的一些观点与其具有一致性。希望本书的出版能够为下一步全面深化改革提供理论坐标和参考。

　　新书出版，首先要特别感谢我的导师，中共中央党校经济学教研部梁朋教授。读博期间，我跟随梁老师进行了多项课题研究，其中"促进基本公共服务均等化的财税体制改革研究"这一课题为我的博士学位论文选题提供了很好的切入点和思路，论文也是该课题研究成果的进一步深化。梁老师治学严谨、诲人不倦，从论文的选题、开题、每一次修改直到最终定稿，都给予了耐心、细致的指导。三年来，梁老师和师母一直很关心照顾我以及我的丈夫，也是我的同班同学康珂博士，在学业和生活上都为我们提供了无微不至的关怀和帮助。梁老师严谨的学术思维、积极的生活态度、宽广的胸怀眼界、仁厚的待人之道都为学生树立了一生学习的榜样，他的教诲与鞭策将激励我在今后的工作和生活中不断努力，不懈奋斗。

　　博士学位论文成文过程中，也得到了很多老师的指导和帮助。感谢孙小兰教授和曹新教授，他们在我论文开题及写作过程中，对我进行了悉心的指导。感谢李蕾教授，在我写作论文搜集数据遇到困难时，她耐心地解答了我的疑问。感谢答辩委员会的五位专家：中国人民大学财政金融学院副院长岳树民教授，国家税务总局税收科学研究所李本贵研究员，中共中央党校经济学教研部李继文教授、孙小兰教授和曹立教授，他们在论文答辩时向我提出了宝贵的修改意见。其中李继文教授是我的硕士导师，他博学睿智、师表敬业，对学术精益求精，而且一直非常关心我的学习，经常鼓励我刻苦钻研。感谢经济学教研部各位老师在我攻读硕士、博士六年来对我的关心和培养。感谢组织员苏燕老师对我的关怀和爱护。

感谢身边的同学和朋友们，因为有你们，求学生涯也变得多姿多彩。特别是三支部的博士同窗们，与你们相处的三年，充满了快乐。感谢你们对我的关心和帮助。感谢我的师兄师姐和师弟师妹们，特别要感谢贾佳师妹，她为本书英文摘要的校对完善提供了很大帮助，并担任我的答辩秘书。

自 2008 年考入中共中央党校，六年来，在大有庄 100 号宁静雅致的院子里，我不仅完成了学业，还收获了爱情和家庭。感谢我的丈夫康珂，我们相识相知于这个美丽的校园，并决定携手一生，他在学术上经常鼓励帮助我，生活上爱护疼惜我。执子之手，与子偕老。执子之手，夫复何求。

父母之恩永不忘。在我们呱呱坠地之时，爸妈还是风华正茂的青年，而如今他们都已两鬓花白。养儿方知父母恩，现在我们自己也已为人父母，更能体会爸妈的不易。我会用一辈子的时间感恩回报爸妈的养育、教导和关爱，努力成为他们永远的骄傲。

最后，感谢中国社会科学出版社编辑侯苗苗女士。我与苗苗年龄相仿，且都初为人母，因本书出版之缘而成为朋友。2015 年 9 月，苗苗通知我论文入选社会科学博士文库，从论文投稿到付梓，苗苗为本书的出版付出了很大心血。

生有涯而知无涯。本书是我十年高等教育的学术结晶，也预示着一段新的人生征途开启。获得博士学位后，我到金融机构从事博士后研究工作，把研究重心从宏观经济理论转向微观金融实践，将理论与实际更加紧密地联系起来。我们有幸生活在中华民族走向复兴的伟大时代，国家发展既取得了巨大成就，也面临不少问题，需要一代又一代人的努力奋斗。愿与读者共勉，共同为中国之发展进步贡献点滴智慧和力量。

周幼曼

2016 年 6 月于北京